LIBRO DE BOLSILLO
de
NOVENAS CATOLICAS

María y los Discípulos a la Primera Novena

LIBRO DE BOLSILLO de NOVENAS CATOLICAS

por el

Rev. Lorenzo G. Lovasik, S.V.D.

Misionero de la Palabra Divina

Illustrado a todo color

CATHOLIC BOOK PUBLISHING CORP.

Nueva Jersey

NIHIL OBSTAT: Rev. Anthony J. Figueiredo, S.T.D.
Censor Librorum

IMPRIMATUR: ✠ Most Rev. John J. Myers, J.C.D., D.D.
Arzobispo de Newark

El Nihil Obstat e Imprimatur son declaraciones oficiales que un libro o librejo es libre de error doctrinal o moral. Esto no quiere decir en ningún modo que los que han concedido el Nihil Obstat e Imprimatur acordan con sus contenidos, opiniones, o afirmaciones.

ABREVIATURAS DE LOS LIBROS DE LA BIBLIA

Abd – Abdías
Ag - Ageo
Am – Amós
Ap – Apocalipsis
Bar - Baruc
Cnt – Cantares
1 Co – 1 Corintios
2 Co – 2 Corintios
Col – Colosenses
1 Cr – 1 Crónicas
2 Cr – 2 Crónicas
Dn – Daniel
Dt – Deuteronomio
Ec – Eclesiastés
Eclo - Eclesiástico
Ef – Efesios
Esd – Esdras
Est – Ester
Ex – Exodo
Ez – Ezequiel
Fil – Filipenses
Flm – Filemón
Gá – Gálatas
Gn – Génesis
Hab – Habacuc
Hch – Hechos
He – Hebreos
Is – Isaías
Jdt - Judit
Jl – Joel
Jn – Juan
1 Jn – 1 Juan
2 Jn – 2 Juan
3 Jn – 3 Juan
Job – Job
Jon – Jonás
Jos – Josué
Jr – Jeremías
Jud – Judas
Jue – Jueces
Lc – Lucas
Lev – Levítico
Lm – Lamentaciones
1 Mac – 1 Macabeos
2 Mac – 2 Macabeos
Mal – Malaquías
Mc – Marcos
Mi – Miqueas
Mt – Mateo
Nah – Nahúm
Neh – Nehemías
Nm – Números
Os – Oseas
1 Pe – 1 Pedro
2 Pe – 2 Pedro
Pr – Proverbios
1 Re – 1 Reyes
2 Re – 2 Reyes
Ro – Romanos
Rt – Rut
Sab – Sabiduría
Sal – Salmos
1 Sm – 1 Samuel
2 Sm – 2 Samuel
Sof – Sofonías
Stg – Santiago
1 Ti – 1 Timoteo
2 Ti – 2 Timoteo
Tit – Tito
Tob – Tobit
1 Ts – 1 Tesalonicenses
2 Ts – 2 Tesalonicenses
Zac – Zacarías

(T-336/S)

Impreso en China

ISBN 978-0-89942-334-0 www.catholicbookpublishing.com

PREFACIO

NOVENA quiere decir nueve días de oración pública o privada con especial motivo a intención. Esta práctica tuvo origen en los nueve días que pasaron orando los Apóstoles con María desde la Ascensión hasta el Domingo de Pentecostés. A lo largo de los siglos, la Iglesia ha enriquecido con indulgencias muchas novenas.

Por tanto, hace una Novena quien persevera en oración pidiendo alguna gracia durante nueve días o nueve semanas consecutivas. Así ponemos en práctica lo que el Señor nos enseñó diciendo que debemos orar con perseverancia y confianza. Estas son Sus palabras: "Pidan y se les dará, busquen y hallarán, llamen a la puerta y les abrirán. Porque todo el que pide recibe, y el que busca halla, y al que llame a una puerta se le abrirá" (Lc 11, 9-10).

Son muchos los Católicos piadosos que hacen Novenas a Dios, a nuestra Señora y a los Santos. Publicamos esta obra para servir a quienes gustan de hacer Novenas y quisieran tenerlas en un solo libro. Todas ellas escogidas entre las más populares. A cada una precede una breve instrucción o meditación.

Además de proporcionar oraciones para obtener de Dios algún favor, facilitamos que los fieles se animen y oren con frecuencia, porque, después de los Sacramentos, la oración es la fuente más abundante de gracia de Dios.

A causa de nuestra unión con Cristo somos unidos con todos aquellos que comparten de su vida en la familia más grande de Dios, la Comunión de los Santos. Nos que somos en la tierra, miembros de la Iglesia Militante, aún peleando la buena batalla de la fe como soldados de Cristo, aún viajando en el camino hacía la casa de nuestro Padre, somos ayudados por las plegarias y el estímulo de los miembros victoriosos y benditos de la familia, la Iglesia Triunfal en el cielo. Honramos los Santos e intentamos imitar el ejemplo de sus vidas virtuosas.

Manifestamos el amor y la unidad que son las nuestras en la Comunión de los Santos también en orando a los Santos en el cielo como nuestros patronos e intercesores con Dios. Su intercesión ante Dios es muy eficaz a causa del amor que Le han mostrado en la tierra. Al mismo tiempo, nos también compartimos de sus méritos ganados por su vida heroica.

Procura hablar con Dios durante la Novena. Ser sincero con El es de capital importancia. A medida que aumente diariamente en ti la oración y la meditación llegarás a conversar con Dios más a gusto que con cualquier amigo íntimo.

Sírvete de tus propias palabras en esta sencilla e íntima charla con Dios. Así conseguirás la manera propia y personal de orar. Verás que el Espíritu Santo ilumina tu mente y te da fuerzas para cumplir la Voluntad de Dios.

Padre Lorenzo G. Lovasik, S.V.D.

CONTENIDO

Prefacio 5
Novena a Dios Padre 9
Novena del Nacimiento 15
Novena al Sagrado Corazón de Jesús 23
Novena al Espíritu Santo 31
Novena a Nuestra Señora del Perpetuo Socorro 39
Novena a Nuestra Señora de la Medalla Milagrosa 45
Novena a San José 51
Novena a Santa Rita 57
Novena a San Antonio de Padua 63
Novena a Santa Ana 69
Novena a Santa Teresa del Niño Jesús 75
Novena a San Judas Tadeo 81
Novena a Nuestro Santo Patrón 87
Novena a San Martín de Porres 91

Dios Padre

NOVENA A DIOS PADRE

MEDITACION

ANTES de la creación y caída de los Angeles; antes de crear todas las cosas; antes de iniciarse la historia y el tiempo, el Verbo de Dios Que no fue creado ni tiene principio, vivía con el Padre en el Amor del Espíritu Santo.

San Juan nos dice lo que era antes de la Encarnación: "A Dios nadie Lo ha visto jamás, el Hijo Unico, Que está en el seno del Padre, es El Que Lo dio a conocer" (Jn 1, 18). Conoció Juan la sublime doctrina sobre el Verbo de Dios por las enseñanzas de Cristo, o por inspiración, o por ambos medios, pues dijo Jesús: "Ya no les diré servidores, porque un servidor no sabe lo que hace su patrón. Les digo amigos, porque les he dado a conocer todo lo que aprendí de Mi Padre" (Jn 15, 15).

Creemos que el Hijo ha nacido del Padre, y es enseñanza común que esta generación ocurre por vía del entendimiento de Dios. "Y frente a Dios era el Verbo, y el Verbo era Dios" (Jn 1, 1).

El Padre engendra al Verbo porque El comunica al Verbo no sólo una naturaleza semejante, sino idéntica, a la Suya propia. La Biblia llama Hijo al Verbo.

El Hijo mora siempre en el seno del Padre, Que Le engendra. Mora allí por unidad de naturaleza y por el amor que se entregan mutuamente. De este amor, como único principio, procede el Espíritu Santo, Amor sustancial del Padre y del Hijo. Las tres Personas tienen la misma Naturaleza Divina.

En varias ocasiones se manifiesta la voz del Padre, presentando a Jesús, Su Hijo, Que Se hizo Hombre por nuestra salvación. Se abrieron los cielos y Juan Bautista vio descender el Espíritu de Dios como una paloma revoloteando sobre Jesús, mientras se oía decir: "Este es Mi Hijo, el Amado; Este es Mi Elegido" (Mt 3, 17).

En la Transfiguración, se oía una voz que salía de la nube: "Este es Mi Hijo, el Amado; Este es Mi Elegido; a El han de escuchar" (Mt 17, 5).

El Padre celestial nos muestra el camino para llegar hasta el estado glorioso que nos espera, donde está Jesús, nuestra Cabeza, Cuyos miembros somos. Dijo el Padre: "A El le han de escuchar" (Mt 17, 5). Escuchar a Jesús significa aceptar todo lo que El nos dice. Nuestra fe ha de traducirse en obras dignas del verdadero discípulo de Jesús conforme al espíritu del Evangelio. Entonces el Padre nos mira con agrado, como a hijos Suyos queridos.

Imitando a Jesús debemos amar de todo corazón al Padre celestial y permanecer unidos a El por la oración. Dios debe ser no sólo el principio sino también el fin de nuestras obras. El Padre celestial se complació en Jesús porque todos Sus actos, aunque en sí mismos actos humanos, fueron Divinos en sus principios y expresión de las virtudes más sublimes.

Pidamos a Jesús, el Verbo de Dios, que nos muestre al Padre: Sus perfecciones, Su grandeza, Sus derechos, Su voluntad, para que Le amemos y El nos ame. Así podremos imitar al Hijo Unico de Dios, honrando a nuestro Padre celestial.

LA PALABRA DE DIOS

"Pero llega la hora, y es ahora mismo, en que los verdaderos adoradores adorarán al Padre en Espíritu y en verdad. Son esos adoradores a los que busca el Padre. Dios es espíritu; por tanto, los que Lo adoran deben adorarlo en Espíritu y en verdad." — Jn 4, 23-24

"El Padre de ustedes sabe que necesitan todo eso. Por lo tanto, busquen primero el Reino y la Justicia de Dios, y recibirán también todas esas cosas." — Mt 6, 32-33

"Ustedes deben orar así: Padre nuestro, Padre de los Cielos, santificado sea Tu Nombre, venga Tu Reino, hágase Tu Voluntad: en la tierra como en Cielo."
— Mt 6, 9-10

ORACIONES

Oración Propia de la Novena

DIOS, mi Padre celestial, Te adoro y me reconozco nada ante Tu Divina Majestad. Tú solo eres el Ser, la Vida, la Verdad y la Bondad. Desvalido e indigno, como soy, Te doy honra, alabanza, gracias y amor en unión con Jesucristo, Tu Hijo, nuestro Salvador y Hermano, por la misericordia y bondad de Su Sagrado Corazón y por Sus infinitos méritos.

Deseo servirte, complacerte, obedecerte y amarte siempre en unión con María Inmaculada, Madre de Dios y Madre nuestra. Deseo también amar y servir al prójimo por amor a Ti.

Padre celestial, Te doy gracias por hacerme hijo Tuyo en el Bautismo. Con filial confianza

Te pido esta gracia en particular *(Mencione el favor que desea).*

Que se haga según Tu Voluntad. Dame lo que Tú sabes es mejor para mi alma y para las almas de todas las personas que Te encomiendo.

Dame Tu Espíritu Santo, Que me ilumine, me corrija y me guíe por el camino de Tus mandamientos y santidad, mientras lucho por la felicidad del Cielo, donde espero glorificarte por siempre. Amén.

Ofrecimiento

PADRE eterno, Te ofrezco el sacrificio en que Jesucristo, Tu Hijo, se ofreció a Sí Mismo en la Cruz y que ahora El renueva en el altar:

— para *adorarte* y devolverte el *honor* que Te es debido, reconociendo Tu supremo dominio sobre todas las cosas y su completa dependencia de Ti, pues Tú eres nuestro origen y nuestro destino;

— para *darte gracias* por los innumerables beneficios recibidos;

— para *aplacar* Tu justicia, enojada por tantos pecados, ofreciéndote por ellos *reparación* digna. Y finalmente

— para *implorar Tu gracia y misericordia* por mí mismo, por todos los que sufren y se hallan atribulados, por los pecadores, por el mundo entero y por las benditas almas del Purgatorio. Amén.

Por la Santa Iglesia

PADRE celestial, en unión con Tu Hijo enviaste el Espíritu Santo a Tu Iglesia y a sus hijos. Continúas enviándole para obrar en nosotros las maravillas de Tu amor Divino.

Por El, ilumina y fortalece a nuestro Santo Padre el Papa, a los Obispos y a los sacerdotes de Tu Iglesia. Continúa aumentando la santidad en los diferentes estados de vida y en cada alma dentro de la Iglesia; que ésta, Esposa inmaculada de Cristo, triunfe de todos sus enemigos. Por el mismo Cristo nuestro Señor. Amén.

Oración Final

DIOS, Padre celestial, en Nombre de Jesucristo crucificado, Tu amado Hijo, Te pido perdón de todos mis pecados, de mis negligencias y de todas las faltas de mi vida pasada.

Dios, Padre celestial, en Nombre de Jesucristo crucificado, Tu Divino Hijo, Te pido me concedas la gracia de servirte en esta vida conforme a Tu santa Voluntad.

Dios, Padre celestial, en Nombre de Jesús de Nazaret, Tu único Hijo, confío tengas misericordia en la hora de mi muerte y acojas mi alma. Por el mismo Jesucristo nuestro Señor. Amén.

(S. Francisco de Asís)

María, José y el Recién Nacido Jesús

NOVENA DEL NACIMIENTO

MEDITACION

DEBEMOS honrar el misterio de nuestra salvación durante el tiempo de Navidad como un acontecimiento de hace dos mil años, ciertamente. Pero más que nada como una realidad presente. El hecho mismo del nacimiento de Cristo y Su manifestación pertenecen al pasado, pero sus efectos siguen siendo presentes. La realidad oculta en este misterio es Cristo y Su acción salvífica. Está presente en el misterio de la Navidad y la Epifanía, intercediendo constantemente por nosotros y dándose a Sí Mismo a través de símbolos sagrados.

Después del Adviento, que es tiempo de esperar, disfrutamos de una mayor presencia de Cristo entre nosotros. Debemos meditar en el misterio de la Navidad y celebrarlo como si tuviese lugar ahora entre nosotros, con el corazón abierto para acoger sus efectos espirituales. En el Verbo hecho carne vemos que Dios ha tomado nuestra condición humana. Al ver al Niño nacido en un establo, de personas simples y trabajadoras, entendemos que Dios, siendo infinitamente grande, es también como cualquiera de nosotros.

Celebramos en Navidad el don que el Padre nos hace: la revelación de Su amable presencia. Por medio de Israel y los profetas, el Padre nos había ido dando este conocimiento, que llegó a su plenitud por medio de Jesucristo, Su Hijo. Debe manifestarse ahora por nosotros, donde Cristo sigue viviendo.

Navidad no se reduce a mera conmemoración del nacimiento de nuestro Señor; es la celebración del gran misterio "Emmanel" (Dios con nosotros). Dios quiere participar en nuestra condición humana. En Navidad los Cristianos celebran el amanecer de la luz de Dios que resplandece sobre el hombre y se difunde por el valle de lágrimas.

Las cuatro Misas del tiempo de Navidad: Sagrada Familia, la Solemnidad de María Madre de Dios, la Epifanía (Manifestación) del Señor, y Su Bautismo, nos enseñan cómo Dios Se nos reveló a Sí Mismo en Jesús, el Señor, en Quien El es realmente "Emmanuel," Dios con nosotros. En Jesús, nuestro Dios Se hace visible para que, viéndole, se eleve nuestro amor a Dios, Que es invisible.

LA PALABRA DE DIOS

"Cuando un silencio apacible envolvía todas las cosas y la noche llegaba en mitad de su carrera, Tu Palabra omnipotente salió del trono real, como guerrero invencible, cayó en medio de aquella tierra maldita."

— Sab 18, 14-15

"El, siendo de condición Divina, no insistió en ser igual a Dios, sino que Se despojó, tomando la condición de servidor, y llegó a ser semejante a los hombres."

— Fil 2, 6-7

"Cuando estaban en Belén, le llegó el día en que debía tener su Hijo. Y dio a luz a su Primogénito, Lo envolvió en pañales y Lo acostó en una pesebrera, porque no había lugar para ellos en la sala común." — Lc 2, 6-7

ORACIONES

Oración Propia de la Novena

PADRE celestial, Tú hiciste que resplandeciese la Nochebuena con Jesucristo nuestra luz. Yo Le recibo como Señor, la verdadera luz del mundo. Llévame al gozo de Su Reino celestial.

Nos inunda la nueva luz con la venida de Tu Palabra entre nosotros. Que la luz de la fe brille a través de mis palabras y acciones.

Señor, Dios, Te alabo por haber creado al hombre y más aún porque Cristo le ha redimido. Tu Hijo se ha dignado participar de nuestra debilidad: que yo participe de Su gloria. Hazme fiel a Su palabra que comunique a otros Su luz. Me hizo hijo Tuyo. Quiera recibirme en Su Reino.

Dios de poder y de vida, gloria de cuantos creen en Ti, llegue Tu resplandor a todo el mundo y muestra a todas las naciones la luz de Tu verdad. Que la pura belleza del nacimiento de Jesús nos invite siempre a más hondo amor humano y a ver Tu Verbo hecho carne reflejado en las personas con quienes convivimos.

Padre, en la maravilla de la Encarnación, Tu Verbo eterno ha iluminado los ojos de la fe con la nueva y radiante visión de Tu gloria. En El Te vemos a Ti, Dios nuestro, hecho visible, y de este modo somos atraídos por el amor de Dios a Quien no vemos.

En la Navidad, Tú llenas de gozo nuestros corazones al reconocer en Cristo la revelación de Tu amor. A nadie es posible ver a Dios en Su gloria, pero ahora Se deja ver como uno de nosotros. Cristo es Tu Hijo antes de todos los siglos, pero ahora nace en el tiempo. Ha venido a levantar todas las cosas hacia Sí, a restaurar la unidad de la creación y a guiar la humanidad desde el destierro hasta el Reino de los Cielos.

En la Navidad, con Jesús amanece una luz nueva sobre el mundo: Dios ha venido a ser uno con el hombre y el hombre se une de nuevo con Dios. Tu Verbo eterno ha cargado sobre Sí nuestras debilidades, revistiendo de inmortalidad nuestra naturaleza mortal. Tan maravillosa es esta unión entre Ti, Dios nuestro, y el hombre, que en Cristo hecho Hombre restableces en el hombre el don de la vida eterna.

Por amor de Jesús, Tu Hijo, hecho Hombre por nosotros, Te suplico concedas abundantes gracias durante este gozoso tiempo de Navidad. Te pido esta gracia en particular *(Mencione el favor que desea).*

Para honra del nacimiento de Jesús, concédeme lo que Te pido, si es conforme a Tu Divina Voluntad.

Oración a Nuestro Recién Nacido Salvador

DIVINO Niño Jesús, con María y José me pongo de rodillas en devota adoración mientras Te contemplo acostado en el pesebre. Quisiste hacer Tu entrada en el mundo como Niño, para demostrar que eres Hombre verdadero. Por Tu llanto, necesidad de descanso y alimento, haces ver que tienes verdadera naturaleza humana. Te haces hombre para que yo pueda verte, oirte, imitarte y unirme a Ti.

Aunque eres Dios, ahora puedes sufrir por nosotros, reparar nuestros pecados, y merecer gracias para nuestras almas. Por la carne, el hombre se aleja de Dios. Y Tú, Dios nuestro, haciéndote carne nos salvas.

Pero también Te haces Hombre para que el hombre pueda hacerse Dios. A cambio de la humanidad que tomas de nosotros, nos ofreces hacernos partícipes de la Divinidad por la gracia santificante, para enriquecernos plenamente de Ti.

Que el misterio de Tu nacimiento me obtenga la gracia de nacer de nuevo y vivir una vida Divina, más libre de pecado y del demasiado apego a mí mismo y a las criaturas. Una vida para Dios solo.

Como fue el gozo de María formarte en su propio cuerpo, sea su gozo ahora formarte en mi alma para que yo sea más semejante a Ti.

Jesús, creo que la mayor prueba de la bondad de Dios y Su amor por nosotros consiste en habernos hecho el regalo de Su Unico Hijo, el Amado. Todo amor tiende a transformarse en lo que ama. Tú amaste al hombre; por eso, Te hiciste Hombre. El amor y bondad infinitos hicieron que Tú, la Segunda Persona de la Santísima Trinidad, dejaras el Reino de la felicidad eterna y descendieras del trono de Tu majestad, poder y gloria, haciéndote Niño impotente, sufriendo y muriendo por nosotros para que nosotros tuviésemos vida.

En Tu pesebre veo el amor más maravilloso que jamás haya existido: el amor de Dios humillándose a Sí Mismo tanto que Se rebajó a mendigar el amor de nuestros corazones. Concédeme, en cambio, la gracia de amarte con amor profundo, verdadero y personal. Pongo mi corazón, mente y voluntad a Tu disposición amable, para que mi vida sea la Tuya, y Tú vengas a ser mi íntimo compañero de cada día, mi fortaleza, mi amigo.

Que yo anhele con frecuencia acercarme más a Ti en el Sacramento del Amor. La Iglesia será mi Belén; el altar, el pesebre; las sagradas especies del pan y del vino, los pañales que Te envuelven. Así pueda yo reconococerte como mi Dios, como lo hicieron María, José y los pastores. Te acoja yo en mis brazos, sí, incluso Te reciba dentro de mi corazón, gracia que hasta los Angeles me envidiarían.

Jesús, desde el pesebre enseñas al mundo la verdadera dignidad y humildad. La pobreza, el sufrimiento y humillación están junto a Tu Cruz y a Tu pesebre. Haberte hecho Niño por nuestro amor es el mayor acto de humildad que jamás se ha visto en el mundo. No cabes en los cielos y la tierra, pues eres el Creador del universo y Rey de la gloria; pero Te humillas hasta el punto de necesitar ayuda humana. El infinito Señor de todas las cosas Se hace siervo; el Todopoderoso impotente criatura, y mortal el que es Inmortal. Tu amor Divino escogió esta manera de levantar la humanidad caída hasta recobrar su dignidad primera, pues nada lleva tan fácilmente a Dios el corazón de las gentes como el hecho de haberte rebajado hasta su nivel.

A mí y a toda la humanidad atráenos con el ejemplo de Tu amable humildad. Enséñame que mi verdadera gloria consiste en humillarme, como dices Tú: "Les aseguro que si ustedes no cambian y se vuelven a ser como niños, no entrarán en el Reino de los Cielos" (Mt 18, 3).

El Sagrado Corazón de Jesús

NOVENA AL SAGRADO CORAZON DE JESUS

MEDITACION

LA devoción al Sagrado Corazón tal como la conocemos ahora comenzó por el año 1672. Repetidas veces Se apareció Jesús a Santa Margarita María Alacoque, monja de la Visitación en Francia. En las apariciones le dio a entender cómo El quería que la gente practicara la devoción al Sagrado Corazón. Pidió que se honrase el símbolo de Su Sagrado Corazón de carne; que se hicieran actos de reparación, Comunión frecuente, en particular los primeros viernes de mes, y la devoción de la Hora Santa.

La Iglesia Católica aprobó la devoción al Sagrado Corazón basándose no sólo en las visiones de Santa Margarita María sino en el valor que en sí misma tiene esta devoción.

En Jesús hay una sola Persona, Que es al mismo tiempo Dios y Hombre. Su Corazón es también Divino. Es el Corazón de Dios.

Dos cosas han de ir inseparables en esta devoción: el Corazón de carne en Cristo y Su amor por nosotros. La devoción al Sagrado Corazón es auténtica cuando se centra en el Corazón de Cristo-Dios y Este representa y nos recuerda Su Amor.

Cuando honramos el Corazón de Cristo, nuestro homenaje descansa en la Persona de Jesús y en la plenitud de Su amor. Este amor lo llevó a cuanto hizo y sufrió por nosotros en Nazaret, en la Cruz, en el Santísimo Sacramento de la Eucaristía, doctrina y curaciones, oración y trabajo. Cuando hablamos del Sagrado Corazón, nos referimos a Jesús manifestándonos Su Corazón, Jesús todo amor por nosotros y todo amable.

Jesucristo es la encarnación del amor infinito de Dios. Su Naturaleza Humana quedó tan compenetrada con el amor y bondad de Dios que jamás habrá otra igual. Es el perfecto modelo del amor de Dios y del prójimo.

Durante todos los días de Su vida dio pruebas constantes del "amor de Cristo que supera todo conocimiento" (Ef 3, 19). Jesús ha transmitido para todo tiempo la propiedad fundamental que Lo caracteriza: "Carguen con Mi yugo y aprendan de Mí que soy paciente de Corazón y humilde" (Mt 11, 29). Invitó a todos sin rehusar a nadie, al punto de sorprender a rivales y amigos por Su generosidad incondicional. Dijo: "Vengan a Mí todos ustedes que están cansados de sus trabajos y cargas, y Yo los haré descansar" (Mt 11, 28).

El sentido del amor en la vida de Jesucristo se puso en evidencia especialmente con Sus sufrimientos. Llevado de amor a Su Padre quiso someterse a la muerte en la Cruz. "Esto sucede para que el mundo sepa que Yo amo al Padre y que hago lo que Me encomiendó el Padre" (Jn 14, 31).

El amor que Jesús nos tenía Lo llevó hasta someterse a la muerte en la Cruz. Dijo en la Ultima Cena: "No hay amor más grande que éste: dar la vida por sus amigos" (Jn 15, 13).

El Sagrado Corazón de Jesús jamás deja de amarnos en el Cielo. Nos santifica con los Sacramentos, fuente inagotable de gracia y santidad nacida del mar infinito del Sagrado Corazón de Jesús.

La Solemnidad del Sagrado Corazón de Jesús se celebra el Viernes siguiente al Segundo Domingo de Pentecostés.

LA PALABRA DE DIOS

"Este será el pacto que haré con Israel en aquel tiempo: 'Pondré Mi ley en su corazón y la escribiré en su mente. Yo seré su Dios y ellos serán Mi pueblo. Yo, el Señor, lo afirmo.' " — Jr 31, 33

"Carguen con Mi yugo y aprendan de Mí que soy paciente de corazón y humilde." — Mt 11, 28

"Yo he venido a traer fuego en la tierra, ¡y cuánto desearía que ya estuviera ardiendo!" — Lc 12, 49

"Al acercarse a Jesús, vieron que ya estaba muerto. Por eso no le quebraron las piernas, sino que uno de los soldados Le abrió el costado con una lanza, y al instante salió sangre y agua." — Jn 19, 33-34

ORACIONES

Oración Propia de la Novena

JESUS, Tú dijiste: "Pidan y recibirán, busquen y hallarán, llamen y se les abrirá." Aquí estoy de rodillas delante de Ti, lleno de fe viva y confianza en las promesas que hizo Tu Sagrado Corazón a Santa Margarita María. Vengo a pedirte esta gracia *(Mencione el favor que desea).*

¿A quién puedo yo acudir sino a Ti, Cuyo Corazón es fuente de todas las gracias y méritos? ¿Dónde puedo buscar fuera del tesoro que contiene todas las riquezas de Tu bondad y misericordia? ¿Dónde voy a llamar sino a la puerta por la cual Dios vino a nosotros, Se nos dio a Sí Mismo y por donde nosotros vamos a El? Acudo a Ti, Corazón de Jesús. En mis aflicciones hallo consuelo en Ti. Me proteges cuando me persiguen. Tú me levantas cuando las tribulaciones me deprimen. Eres mi luz en las dudas y tinieblas.

Amadísimo Jesús, creo firmemente que me puedes conceder la gracia que Te pido, aunque sea preciso un milagro. Si Tú quieres se cumplirá mi deseo. Reconozco que soy muy indigno de Tus favores, pero eso no me quita la confianza en Ti. Tú eres Dios misericordioso, Que no rechaza mi corazón contrito. Tiende sobre mí Tu mirada de misericordia, Te suplico, y Tu bondadoso Corazón hallará en mis miserias y debilidades motivos para concederme lo que pido.

Sagrado Corazón, cualquiera que sea Tu decisión sobre lo que pido, nunca dejaré de amar, alabar y servirte a Ti. Muéstrate propicio, Jesús, y acepta este acto de perfecta sumisión a los designios de Tu adorable Corazón, designios que sinceramente deseo se cumplan en mí y en todas las criaturas por siempre.

Concédeme la gracia que Te pido humildemente por intercesión del Inmaculado Corazón de Tu Madre Dolorosa. Me has confiado a ella como hijo suyo y sus oraciones lo pueden todo contigo. Amén.

Ofrecimiento

¡DIOS mio! Te ofrezco todas mis oraciones y trabajos, alegrías y sufrimientos unido a las intenciones por las que el Sagrado Corazón suplica y Se ofrece a Sí Mismo en el Sacrificio de la Misa: acción de gracias por Sus favores, reparación por mis pecados, pidiendo humildemente mi bienestar temporal y eterno, por la conversión de los pecadores y por la ayuda a las almas del Purgatorio!

Letanía del Sagrado Corazón de Jesús

SEÑOR, ten piedad.
Cristo, ten piedad.
Señor, ten piedad.
Cristo, óyenos.
Cristo, escúchanos.
Dios Padre celestial, *ten piedad de nosotros.*
Dios Hijo, Redentor del mundo, *ten piedad de nosotros.*

Dios Espíritu Santo,*
Trinidad Santa, un solo Dios,
Corazón de Jesús, Hijo del eterno Padre,
Corazón de Jesús, formado por el Espíritu Santo en el seno de la Virgen María,
Corazón de Jesús, unido sustancialmente al Verbo de Dios,
Corazón de Jesús, de majestad infinita,
Corazón de Jesús, templo santo de Dios,
Corazón de Jesús, tabernáculo del Altísimo,
Corazón de Jesús, casa de Dios y puerta del Cielo,
Corazón de Jesús, horno ardiente de caridad,
Corazón de Jesús, morada de justicia y amor,
Corazón de Jesús, plenitud de bondad y amor,
Corazón de Jesús, abismo de todas las virtudes,
Corazón de Jesús, dignísimo de toda alabanza,
Corazón de Jesús, rey y centro de todos los corazones,
Corazón de Jesús, en Quien están todos los tesoros de santidad y ciencia,
Corazón de Jesús, en Quien reside la plenitud de la Divinidad,
Corazón de Jesús, en Quien el Padre halló Sus complacencias,
Corazón de Jesús, de Cuya plenitud todos hemos recibido,
Corazón de Jesús, deseo de los eternos collados,
Corazón de Jesús, paciente y misericordioso,
Corazón de Jesús, rico para todos los que Te invocan,
Corazón de Jesús, fuente de vida y santidad,
Corazón de Jesús, propiciación de nuestros pecados,

* *Ten piedad de nosotros* se repite después de cada invocación.

Corazón de Jesús, cargado de oprobios,
Corazón de Jesús, golpeado por nuestras ofensas,
Corazón de Jesús, obediente hasta la muerte,
Corazón de Jesús, traspasado por la lanza,
Corazón de Jesús, fuente de todo consuelo,
Corazón de Jesús, vida y resurrección nuestra,
Corazón de Jesús, paz y reconciliación nuestra,
Corazón de Jesús, víctima por nuestros pecados,
Corazón de Jesús, salvación de quienes en Ti confían,
Corazón de Jesús, esperanza de los que en Ti mueren,
Corazón de Jesús, delicia de todos los Santos,
Cordero de Dios, Que quitas los pecados del mundo, *perdónanos, Señor.*
Cordero de Dios, Que quitas los pecados del mundo, *escúchanos, Señor.*
Cordero de Dios, Que quitas los pecados del mundo, *ten piedad de nosotros.*

℣. Jesús, manso y humilde de corazón.
℟. *Haz mi corazón semejante al Tuyo.*

OREMOS: Dios todopoderoso y eterno, mira al Corazón de Tu amadísimo Hijo y las alabanzas y satisfacción que Te ofrece por los pecadores. Por Tu inmensa bondad, perdona a cuantos imploran Tu misericordia en Nombre de Jesucristo, Tu Hijo, Que vive y reina por los siglos de los siglos. ℟. *Amén.*

Jesús Da el Espíritu Santo

NOVENA AL ESPIRITU SANTO

MEDITACION

EL Espíritu Santo, la tercera Persona de la Santísima Trinidad, es Dios. Verdadero Dios como Lo son el Padre y el Hijo. Es el Amor del Padre y el Hijo.

Cristo prometió que este Espíritu de Verdad iba a venir y moraría dentro de nosotros. "Yo Le pediré al Padre y El les dará otro Consejero Que permanecerá siempre con ustedes. Este es el Espíritu de Verdad Que el mundo no puede aceptar porque no Lo ve ni Lo conoce. Pero ustedes Lo conocen porque permanece con ustedes, y estará en ustedes" (Jn 14, 16-17).

El Espíritu Santo vino el día de Pentecostés y nunca se ausentará. Cincuenta días después de la Pascua, el Domingo de Pentecostés, los Apóstoles fueron transformados de hombres débiles y tímidos en valientes proclamadores de la fe; los necesitaba Cristo para difundir Su Evangelio por el mundo.

El Espíritu Santo está presente de modo especial en la Iglesia, comunidad de quienes creen en Cristo como el Señor. Ayuda a Su Iglesia a que continúe la obra de Cristo en el mundo. Su presencia da gracia a los fieles para unirse más a Dios y entre sí en amor sincero, cumpliendo sus deberes con Dios y con los demás. La gracia y vida Divina que prodiga hacen a la Iglesia ser mucho más grata a Dios; la hace crecer con el poder del Evangelio; la renueva con Sus dones y la lleva a unión perfecta con Jesús.

El Espíritu Santo guía al Papa, a los obispos y a los presbíteros de la Iglesia en su tarea de enseñar la Doctrina Cristiana, dirigir almas y dar al pueblo la gracia de Dios por medio de los Sacramentos. Orienta toda la obra de Cristo en la Iglesia: solicitud por los enfermos, enseñar a los niños, preparación de la juventud, consolar a los afligidos, socorrer a los necesitados.

Es nuestro deber honrar al Espíritu Santo, amándole por ser nuestro Dios, y dejarnos dócilmente guiar por El en nuestras vidas. San Pablo nos lo recuerda diciendo: "¿No saben ustedes que son Templo de Dios y que el Espíritu de Dios habita en ustedes?" (1 Cor 3, 16).

Conscientes de que el Espíritu Santo está siempre con nosotros, mientras vivamos en estado de gracia santificante, debemos pedirle con frecuencia la luz y fortaleza necesarias para llevar una vida santa y salvar nuestra alma.

LA PALABRA DE DIOS

"Te aseguro que el que no renace del agua y del Espíritu no puede entrar en el Reino de Dios. Lo que nace de la carne es carne, y lo que nace del Espíritu es espíritu."

— Jn 3, 5-6

"Les he hablado mientras estaba con ustedes. En adelante el Espíritu Santo Intérprete, Que el Padre les enviará en mi Nombre, les va a enseñar todas las cosas y les recordará todo lo que les he dicho."

— Jn 14, 25-26

"Cuando llegó el día de Pentecostés, estaban todos reunidos en un mismo lugar. De repente vino del cielo un ruido, como el de una violenta ráfaga de viento, que resonó en toda la casa donde estaban. Y se les aparecieron unas lenguas como de fuego, las que, separándose, se fueron posando sobre cada uno de ellos. Y todos quedaron llenos del Espíritu Santo y comenzaron a hablar idiomas distintos, en los cuales el Espíritu les concedía expresarse." — Hch 2, 1-4

"A cada uno se le da la manifestación del Espíritu para el bien de todos. A uno se le da hablar con sabiduría, por obra del Espíritu. Otro comunica enseñanzas conformes con el mismo Espíritu. Otro recibe el don de la fe, en que actúa el Espíritu. Otro recibe el don de curar enfermos, y es el mismo Espíritu. Otro hace milagros; otro es profeta; otro reconoce lo que viene del bueno o del mal espíritu; otro habla en lenguas, y otro todavía interpreta lo que se dijo en lenguas. Y todo esto lo hace un mismo y único Espíritu, Quien da a cada uno según El determina." — 1 Cor 12, 7-11

ORACIONES

Oración Propia de le Novena

ESPIRITU Santo, tercera Persona de la Santísima Trinidad, Espíritu de Verdad, amor y santidad, Que procedes del Padre y del Hijo y en todo Los igualas, Te adoro y Te amo con todo mi corazón.

Espíritu Santo muy querido, confiando en el hondo y personal amor que me tienes, hago esta Novena para pedirte, si así es Tu Voluntad, me concedas esta gracia en particular *(Mencione el favor que desea).*

Enséñame, Espíritu Divino, a conocer y buscar mi último fin; dame santo temor de Dios, verdadera contrición y paciencia. No me dejes caer en pecado. Aumenta mi fe, esperanza y caridad y haz florecer en mi alma las virtudes propias de mi estado de vida.

Hazme fiel discípulo de Jesús y obediente hijo de la Iglesia. Dame gracia eficaz con que pueda cumplir los Mandamientos y recibir dignamente los Sacramentos. Dame las Cuatro Virtudes Cardinales, Tus Siete Dones y los Doce Frutos. Llévame a perfección en el estado de vida al cual me has llamado y después de una muerte dichosa concédeme la vida eterna. Te Lo pido por Cristo nuestro Señor. Amén.

Consagración

ESPIRITU Santo, Divino Espíritu de luz y amor, Te consagro mi entendimiento, mi corazón, mi voluntad y todo mi ser, en el tiempo y en la eternidad. Que mi entendimiento esté siempre sumiso a Tus Divinas inspiraciones y enseñanzas de la doctrina de la Iglesia Católica, que Tu guías infaliblemente. Que mi corazón se inflame siempre en amor de Dios y del prójimo. Que mi voluntad esté siempre conforme a Tu Divina Voluntad. Que toda mi vida sea fiel imitación de la vida y virtudes de nuestro Señor y Salvador Jesucristo. A El, contigo y el Padre sea dado todo honor y gloria por siempre.

Dios Espíritu Santo, infinito Amor del Padre y del Hijo, por las manos purísimas de María, Tu Esposa inmaculada, me pongo hoy y todos los días de mi vida sobre Tu altar escogido, el Sagrado Corazón de Jesús, como un sacrificio en Tu honor, fuego consumidor, con firme resolución ahora más que nunca de oir Tu voz y cumplir en todas las cosas Tu santísima y adorable Voluntad.

Por los Siete Dones del Espíritu Santo

BENDITO Espíritu de *Sabiduría*, ayúdame a buscar a Dios. Que sea el centro de mi vida, orientada hacia El para que reine en mi alma el amor y armonía.

Bendito Espíritu de *Entendimiento*, ilumina mi mente, para que yo conozca y ame las verdades de fe y las haga verdadera vida de mi vida.

Bendito Espíritu de *Consejo*, ilumíname y guíame en todos mis caminos, para que yo pueda siempre conocer y hacer Tu Santa Voluntad. Hazme prudente y audaz.

Bendito Espíritu de *Fortaleza*, vigoriza mi alma en tiempo de prueba y adversidad. Dame lealtad y confianza.

Bendito Espíritu de *Ciencia*, ayúdame a distinguir entre el bien y el mal. Enséñame a proceder con rectitud en la presencia de Dios. Dame clara visión y decisión firme.

Bendito Espíritu de *Piedad*, toma posesión de mi corazón; inclínalo a creer con sinceridad en Ti, a amarte santamente, Dios mío, para que con toda mi alma pueda yo buscarte a Ti, Que eres mi Padre, el mejor y más verdadero gozo.

Bendito Espíritu de *Santo Temor,* penetra lo más íntimo de mi corazón para que yo pueda siempre recordar Tu presencia. Hazme huir del pecado y concédeme profundo respeto para con Dios y ante los demás, creados a imagen de Dios.

Oración

TE pedimos, Dios todopoderoso, nos concedas agradar al Espíritu Santo con nuestras oraciones de tal modo que podamos con Su gracia vernos libres de tentaciones y merezcamos obtener el perdón de los pecados. Por Jesucristo nuestro Señor. Amén.

Ven, Espíritu Santo

OH Espíritu Santo, ven,
Danos el ansiado bien
De Tu lumbre celestial;

Padre del pobre clemente,
De eternos dones la fuente,
Luz para todo mortal.

Supremo consolador,
Huésped del alma, dulzor,
Refrigerio en los rigores,

Dulce tregua en la fatiga,
Templanza que ardor mitiga,
Consuelo en nuestros dolores.

Luz sacrosanta del mundo,
Abraza lo más profundo
Del corazón de Tus fieles;

Sin Tu bella claridad
Sólo existiría maldad
Y serían los hombres crueles.

Limpia toda sordidez,
Fructífica la aridez,
Sana lo que se halla herido,

Doblega la vanidad,
Enardece la frialdad,
Torna recto lo torcido.

Bríndales la concesión
De Tu Septiforme Don
A la grey que en Ti confía,

Ungelos con la virtud,
Dales éxito y salud
Y perdurable alegría.
Amén. Aleluya.

℣. Envía Tu Espíritu Santo creador.

℟. *Y renovarás la faz de la tierra.*

OREMOS. ¡Oh Dios! Tú has instruído los corazones de Tus fieles enviándoles la luz de Tu Espíritu Santo. Concédenos, por el mismo Espíritu, valorar rectamente las cosas y disfrutar siempre de Su ayuda. Por Cristo nuestro Señor. ℟. *Amén.*

Nuestra Señora del Perpetuo Socorro

NOVENA A NUESTRA SEÑORA DEL PERPETUO SOCORRO

MEDITACION

ESTA pintura milagrosa de la Madona y el Niño se halla sobre el altar mayor de la iglesia de los Padres Redentoristas en Roma. Antes fue propiedad de un rico comerciante de Creta, luego pasó a Roma y con el tiempo quedó entronizada en la iglesia de San Mateo. Durante trescientos años, multitudes de peregrinos han acudido desde lejos a ver este cuadro, origen de muchas curaciones. En 1812, la iglesia quedó arrasada y durante cincuenta y cuatro años nadie supo donde estaba el cuadro. Cuando lo hallaron, el Papa Pio IX lo entregó a los Padres Redentoristas para su iglesia, en el mismo sitio donde antes habían venerado de modo especial a María bajo la advocación de Nuestra Señora del Perpetuo Socorro.

La pintura milagrosa tiene forma de ícono. A uno y otro lado de la cabeza de la Virgen se ven dos Angeles, conocidos como San Miguel y San Gabriel, que llevan en sus manos, ocultas con un velo, los instrumentos de la Pasión de Cristo, la Cruz, la lanza y la esponja. Fue probablemente un artista griego del siglo XIII o XIV quien pintó el cuadro.

Se invoca a María como Nuestra Señora del Perpetuo Socorro, porque proporciona ayuda a los Cristianos, incluso en el orden material. Ahora entronizada en el Cielo, sigue interesándose por nuestros sufrimientos y alivia nuestros males.

María nos proporciona ayuda especialmente en las necesidades espirituales. Es Madre misericordiosísima, que no rechaza a ningún pecador. Se interesa amablemente por nosotros y busca reconciliarnos con su Hijo cuando pecamos. Nos asiste en la tentación. Nos confirma en el bien y nos obtiene la gracia de progresar en la senda de la virtud, pues lo que ella más desea es que todos participemos de los frutos de redención que nos ganó su Hijo. En nuestros esfuerzos por alcanzar la santidad, ella nos auxilia y nos obtiene la gracia de la perseverancia. Nada podemos pedir de su mayor agrado o que ella quiera concedernos más gustosamente que la gracia de hacer el bien.

Sobre todo, María nos asistirá en la hora de la muerte, que es el momento más importante de nuestra vida, ya que de él puede depender la eternidad. Como ensalzada Reina de los Cielos, acoge bajo su manto protector las almas de sus fieles, los acompaña al tribunal de su Hijo y allí les sirve de intercesora.

María sigue siendo en el Cielo la Madre de Dios como lo fue en la tierra. Jesús, Que es la omnipotencia misma, sigue siendo su Hijo por toda la eternidad. Ahora incluso nos ama con mayor intensidad y compasión, porque en el Cielo conoce mejor nuestros sufrimientos. Alcanza suave descanso para todos los que están cargados con penas y tribulaciones; consuela a los afligidos y cura a los enfermos.

María es nuestra Madre del Perpetuo Socorro y por eso debemos tener en ella confianza ilimitada. Puede ayudarnos porque sus peticiones todo lo obtienen ante Dios y nos ayudará porque es nuestra Madre: nos ama como a hijos suyos.

LA PALABRA DE DIOS

"¿Puede acaso una mujer olvidarse del niño que cria, o no tener compasión del hijo de sus entrañas? Pues bien, aunque se encontrara alguna que lo olvidase, ¡yo nunca me olvidaría de ti!" — Is 49, 15

"Se acabó el vino. . . . Entonces la Madre de Jesús . . . dijo a los que estaban sirviendo: 'Hagan todo lo que El les diga'." — Jn 2, 3-5

"Feliz aquel que me escucha, y que día tras día se mantiene vigilante a las puertas de mi casa. Porque hallarme a mí es hallar la vida y ganarse la buena Voluntad del Señor." — Pr 8, 34-35

ORACIONES

Oración Propia de la Novena

MADRE del Perpetuo Socorro, a tus pies está un pecador que acude a ti confiadamente. Madre de misericordia, ten compasión de mí. Oigo a todos llamarte refugio y esperanza de los pecadores. Seas tú mi refugio y esperanza. Por amor de Jesucristo, tu Hijo, ayúdame.

Tiende tu mano a este pecador que se encomienda a ti y se consagra a tu servicio para siempre. Alabo y doy gracias a Dios Que en Su misericordia me ha dado esta confianza en ti, prenda segura de mi salvación eterna.

Reconozco que, tiempos atrás, yo, desgraciado y malo, he caído en pecado por no haber acudido a ti. Pero sé que con tu ayuda podré superarme. Temo que ante las ocasiones de pecado pueda menospreciar tu llamada y correr el riesgo de perderme.

Te pido esta gracia, te la suplico del mejor modo y con el mayor interés que puedo: que cuantas veces me ataque el demonio pueda yo siempre recurrir a ti. ¡Oh María, ayúdame! ¡Oh Madre del Perpetuo Socorro, no permitas que me separe de Dios!

3 Ave Marías

Madre del Perpetuo Socorro, ayúdame siempre a invocar tu santo nombre, pues tu nombre es ayuda de los que viven y salvación de los moribundos. Purísima, dulcísima María, concédeme que tu nombre de hoy en adelante sea para mí verdadero aliento de vida. Señora muy amada, no tardes en venir a socorrerme cuando te invoco, pues en todas las tentaciones que me aflijen, en todas las necesidades de mi vida, siempre te invocaré repitiendo: "¡María!"

¡Cuánto ánimo, qué suavidad, confianza y consuelo siente mi alma al oir tu nombre, al pensar en ti! Doy gracias al Señor, Que en prueba de amor por mí te ha dado un nombre tan suave, tan amable y poderoso. Pero no me basta con mencionar tu nombre; te invocaré porque te amo. Amor que me impulsa a llamarte Madre del Perpetuo Socorro.

3 Ave Marías

Madre del Perpetuo Socorro, eres la dispensadora de todas las gracias que Dios nos concede en los sufrimientos. Por eso, te hizo tan poderosa, tan rica y tan amable que puedas ayudarnos en nuestras necesidades. Eres la abogada de los más desdichados y abandonados pecadores, con solo acudir a ti. Ven y ayúdame, pues a ti me encomiendo.

Pongo en tus manos mi salvación eterna; te encomiendo mi alma. Cuéntame entre tus servidores más fieles. Recíbeme bajo tu amparo. Esto me basta. Con tu protección nada temo: ni siquiera mis pecados, porque tú me obtendrás perdón e indulgencia; ni los malos espíritus, porque tú eres más poderosa que todos los poderes del Infierno; ni aun el Juicio de Jesús, porque una súplica tuya Le aplacará.

Temo únicamente que por mi propia negligencia me olvide de encomendarme a ti y pierda mi alma. Mi Señora amadísima, obtenme el perdón de mis pecados, amar a Jesús, la perseverancia final y la gracia de acudir a ti en todo momento, Madre del Perpetuo Socorro.

3 Ave Marías

(San Alfonso María de Ligorio)

Nuestra Señora de la Medalla Milagrosa

NOVENA A NUESTRA SEÑORA DE LA MEDALLA MILAGROSA

(8 de Diciembre)

MEDITACION

LA Medalla de la Inmaculada Concepción, llamada comúnmente la Medalla Milagrosa, se manifestó a Santa Catalina Labouré, hija espiritual de San Vicente de Paúl. Acontecimiento que tuvo lugar en la Casa Madre de las Hijas de la Caridad: 140, rue de Bac, París, Francia.

Dios concedió gracias extraordinarias a Sor Catalina durante su noviciado. En 1830 fue agraciada con las apariciones de la Inmaculada Virgen María, a la que debemos la Medalla Milagrosa.

Santa Catalina describe con estas palabras la aparición de Nuestra Señora el 27 de Noviembre de 1830: "Sus pies apoyados sobre un globo. Ví anillos en sus dedos y cada anillo estaba cuajado de perlas. Las grandes irradiaban mucha luz, las más pequeñas menos. No podía yo comprender lo que estaba viendo, la belleza y el brillo de los rayos fulgurantes. Entonces oí una voz que decía: 'Son símbolos de las gracias que derramo sobre quienes las piden.'

"La Santísima Virgen aparecía rodeada de un marco en el que estaba escrito: '¡Oh María sin pecado concebida, rogad por nosotros que recurrimos a vos!' Luego añadió la voz: 'Haz grabar una Medalla conforme a este modelo. Se la pondrán al cuello. Quien la lleve recibirá muchas gracias.' En aquel instante parecía cambiar la escena y contemplé el reverso de la Medalla: una gran 'M' sobre la cual había una barra y una cruz; debajo de la 'M' estaban los corazones de Jesús y de María: el uno coronado de espinas y el otro traspasado por una espada."

Cuando Santa Catalina contó la visión a su confesor, este le preguntó si había visto algo escrito por detrás. La mandó que preguntase a la Santísima Virgen qué debía ponerse allí. La Hermana lo pidió a la Virgen por largo tiempo y un día, durante la meditación, pareció oir una voz que le decía: "La 'M' y los dos corazones ya dicen bastante."

Se hizo la Medalla conforme a las indicaciones de nuestra Señora. Se puso en libre circulación y en corto tiempo la llevaban millones de personas. Fueron muchas las gracias recibidas por medio de esta medallita de la Inmaculada Concepción, que terminó llamándose Medalla Milagrosa.

LA PALABRA DE DIOS

"Todas mis palabras son justas . . . ; el hombre inteligente comprobará que son exactas y al que posee el saber le parecerán irreprochables." — Pr 8, 8-10

"Yo amo a los que me aman y me dejaré encontrar por los que me buscan. Me acompañan las riquezas y los honores, y el bienestar verdadero." — Pr 8, 17-19

"Y ahora, hijos míos, escúchenme; felices los que siguen mi ejemplo. Escuchen mi instrucción y háganse sabios." — Pr 8, 32-33

ORACIONES

Oración para Empezar

VEN, Espíritu Santo, llena los corazones de Tus fieles y enciende en ellos el fuego de Tu amor.

Envía Tu Espíritu Santo y serán creados. Y renovarás la faz de la tierra.

Oh Dios, Que instruíste los corazones de Tus fieles con la luz del Espíritu Santo, concédenos por el mismo Espíritu alcanzar la verdadera sabiduría y regocijarnos siempre con Sus consuelos. Por Jesucristo nuestro Señor. Amén.

¡Oh María, sin pecado concebida! Rogad por nosotros que recurrimos a vos! *(3 veces).*

Señor Jesucristo, Te has complacido en glorificar con innumerables milagros a la Santísima Virgen María, inmaculada desde el primer instante de su concepción. Concede a cuantos imploran su protección en la tierra disfrutar eternamente de su presencia en el Cielo, donde, con el Padre y el Espíritu Santo, vives y reinas Dios por los siglos de los siglos. Amén.

Señor Jesucristo, para realizar Tus obras has escogido lo débil del mundo, de modo que nadie pueda vanagloriarse en Tu presencia. Y para difundir más y mejor la fe en la Inmaculada Concepción de Tu Madre, has querido que la Medalla Milagrosa se manifestase a Santa Catalina Labouré. Te suplicamos nos concedas que, llenos de semejante humildad, glorifiquemos de palabra y de obra este misterio. Amén.

Memorare

ACUERDATE, piadosísima Virgen María, que jamás se oyó decir que uno solo de cuantos han acudido a tu protección, implorado tu ayuda o solicitado tu intercesión, haya sido desamparado. Inspirado con esta confianza, acudo a ti, oh Virgen de la vírgenes, Madre mía. A ti vengo, aquí me tienes, pecador y arrepentido, oh Madre del Verbo Encarnado. No deseches mis peticiones, antes bien, por tu misericordia *escúchalas* y respóndeme. Amén.

Oración Propia de la Novena

INMACULADA Virgen María, Madre de nuestro Señor Jesucristo y Madre nuestra, penetrados de la más amable confianza y de tu poderosa y segura intercesión, manifestada con tanta frecuencia por la Medalla Milagrosa, nosotros tus hijos, amable y confiadamente te imploramos nos obtengas las gracias y favores que pedimos durante esta Novena, si conviene a nuestras almas inmortales y a las almas de quienes ahora encomendamos *(Mencione el favor que desea).*

Tu sabes, María, con cuanta frecuencia nuestras almas han sido santuario de tu Hijo, Que odia la iniquidad. Alcánzanos, pues, un profundo odio al pecado y tal pureza de corazón que nos desliguemos de cuanto impida ir a Dios. Que nuestros pensamientos, palabras y acciones se dirijan siempre a Su mayor gloria.

Consíguenos también espíritu de oración y abnegación para que recobremos por la penitencia lo que habíamos perdido por el pecado y finalmente lleguemos a aquella dichosa morada donde tú eres la Reina de los Angeles y de los Santos. Amén.

Acto de Consagración

¡OH Virgen, Madre de Dios! María Inmaculada, nos ofrecemos y consagramos a ti bajo el título de Nuestra Señora de la Medalla Milagrosa. Que sea ésta para cada uno de nosotros señal segura de que nos amas y constante recuerdo de nuestras obligaciones para contigo. Siempre que la llevemos seamos bendecidos con tu amable protección y preservados en la gracia de tu Hijo.

Virgen potentísima, Madre de nuestro Salvador, mantennos junto a ti en todos los momentos de nuestra vida. Obtennos a nosotros, tus hijos, la gracia de una buena muerte. Para que, en unión contigo, podamos disfrutar de la bendición del Cielo para siempre. Amén.

¡Oh María, sin pecado concebida! Rogad por nosotros que recurrimos a vos! *(3 veces).*

San José con el Niño Jesús

NOVENA A SAN JOSE

(19 de Marzo; 1ro de Mayo)

Patrono de la Iglesia Universal

MEDITACION

VENERAMOS a José como esposo de la Santísima Virgen María, padre legal de Jesús y jefe de la Sagrada Familia. Fue el apoyo y protector de María, testigo de su virginidad y consuelo en su difícil vocación.

Dios infudió ánimos a José en un sueño profético. En cierta medida le reveló el misterio de la Encarnación, el adorable Nombre de Jesús y Su misión en el mundo. Desaparecieron todas las dudas de la mente de José y por Divina inspiración recibió a María como esposa. Le libró de preocupaciones y le coronó de honor.

Grande fue la santidad de José, digna de su vocación. Se mide su santidad por la íntima relación en que se encuentra con María, su impecable Virgen-Esposa, y con Jesús, su Divino Hijo-Nutricio.

Su unión con María es la más íntima que puede existir: unión de corazón a corazón, unión del más puro y santo amor. ¡A qué altura de santidad debe él haber llegado durante esta santa unión en la tierra!

Como padre nutricio de Jesús, José está en estrecha unión con el Hijo de Dios, Fuente de toda santidad. Sin duda él participa de Su infinita santidad más que ningún otro Santo, excepto

María, su Esposa. Innumerables son las gracias y privilegios relacionados con su oficio tan noble.

Debemos honrar y amar a aquel a quien Jesús y María amaron con tanta ternura. Por su intercesión podamos alcanzar la gracia de amar a Jesús y a María con algo de esa ternura y entrega con que él los amó.

José sirvió al Divino Niño con especial amor. Dios le dió un corazón lleno de celestial y sobrenatural amor. Mucho más profundo y poderoso de lo que podía ser un amor natural de padre.

José sirvió a Jesús con abnegación, sin buscar el propio interés, pero no sin sacrificios. No trabajó para sí mismo; sólo por el bien de los demás. Parece ser un instrumento que se deja orillado al terminar el trabajo, pues desapareció de escena apenas apareció Jesús.

José disfruta de rango muy especial entre los Santos del Reino de Dios, por haber tenido tanta parte en la verdadera vida del Verbo de Dios hecho Hombre. En su casa de Nazaret y bajo su cuidado se preparó la redención del mundo. Lo que él llevo a cabo lo hizo también por quienes Jesús iba a dar Su vida. Es Santo grande y poderoso en el Reino de Dios y bienhechor del Cristianismo y de la humanidad. Su rango en el Reino de los Cielos, que supera con mucho la dignidad y honor de los Angeles y Santos, merece nuestra especial veneración, amor y gratitud.

LA PALABRA DE DIOS

"José . . . esposo [de María] . . . era un hombre justo."

— Mt 1, 19

"El reserva la victoria para los hombres buenos, es el escudo de los que caminan en la inocencia. El guarda las sendas de los justos y protege la via de los pios."
— Pr 2, 7-8

"José, hijo de David, no temas llevar a tu casa a María, tu esposa. . . . Dará a luz un Hijo, y Le pondras por nombre de Jesús, porque El salvará a Su pueblo de sus pecados. . . . Cuando José se despertó, hizo lo que el Angel del Señor le había ordenado y recibió en su casa a su esposa." — Mt 1, 20-24

"[Jesús] bajó con ellos a Nazaret, y les obedecía [a María y a José]." — Lc 2, 51

ORACIONES

Oración Propia de la Novena

GLORIOSO San José, tú eres el protector fiel e intercesor en favor de todos los que te aman y veneran. Tengo especial confianza en ti. Eres poderoso ante Dios y nunca abandonarás a quienes te sirven con fidelidad.

Te pido humildemente y me enconmiendo yo mismo con todo lo que me es querido a tu intercesión. Por el amor que tienes a Jesús y María no me abandones en la vida y asísteme en la hora de la muerte.

Glorioso San José, esposo de la Virgen Inmaculada, padre nutricio de Jesucristo, haz que yo tenga una mente pura, humilde, y caritativa y un perfecto abandono a la Voluntad de Dios. Sé mi guía, mi padre y mi modelo de vida para que yo merezca morir como tú en manos de Jesús y de María.

Amado San José, discípulo fiel de Jesucristo, levanto a ti mi corazón implorando tu poderosa intercesión a fin de obtener del Sagrado Corazón de Jesús todas las gracias necesarias para mi bienestar espiritual y temporal, en particular la gracia de una muerte feliz y la gracia especial que ahora imploro *(Mencione el favor que desea).*

Custodio del Verbo Encarnado, confío en que tus oraciones por mí serán bondadosamente escuchadas ante el trono de Dios. Amén.

Consagración de la Familia

¡OH Jesús, nuestro amadísimo Redentor!, has venido a iluminar el mundo con Tu doctrina y Tu ejemplo. Quisiste pasar la mayor parte de Tu vida obedeciendo humildemente a José y a Maria en el pobre hogar de Nazaret. De este modo santificaste aquella familia escogida para ejemplo de todas las familias Cristianas.

¡Jesús, María, José! Aceptad benignamente nuestra familia que os dedicamos y consagramos. Complaceos en proteger, guardar y custodiarnos en la fe verdadera, en la paz y armonía de la caridad Cristiana. Hacednos conforme al modelo Divino de vuestra familia y que alcancemos todos la felicidad eterna.

María, Madre de Jesús y Madre nuestra, por tu misericordiosa intercesión haz que éste, nuestro humilde ofrecimiento, merezca ser aceptado por Jesús y nos obtenga Su gracia y bendición.

San José, santísimo custodio de Jesús y de María, ayúdanos con tus oraciones en todas nuestras necesidades espirituales y temporales para que podamos alabar a Jesús, nuestro Divino Salvador juntamente con María y contigo por toda la eternidad. Amén.

Por la Iglesia

GLORIOSO San José, poderoso protector de la Iglesia, imploro tu celestial ayuda en bien de la Iglesia universal, especialmente del Santo Padre y de los Obispos, Presbíteros, Religiosos y Religiosas.

Alienta a los afligidos, consuela a los moribundos, convierte a los pecadores y a los no Católicos. Ten misericordia de las pobres almas del Purgatorio, en particular de mis familiares, parientes y amigos. Obtenles pronta remisión de sus castigos para que contigo y en compañía de los Santos y de los Angeles alaben y glorifiquen por siempre a la Santísima Trinidad. Amén.

Santa Rita

NOVENA A SANTA RITA

(22 de Mayo)

Abogada de lo Imposible

MEDITACION

SE puede decir de Santa Rita que es la Abogada para resolver los problemas de la familia. Fue, en pleno sentido de la palabra, víctima de un matrimonio fracasado. Nació en 1381 de una modesta familia campesina del centro de Italia.

Cuando Rita, de muy joven, dió muestras de inclinarse por la vida religiosa y pidió permiso a sus padres para irse a un convento, ellos se negaron a oir hablar de ello. Al contrario, apenas alcanzó los quince años le prepararon matrimonio con el hombre que ellos escogieron según era la costumbre entonces. Rita, entristecida de corazón, pero convencida de que en estos asuntos obedecer a sus padres es obedecer a Dios, se acomodó a esta nueva vocación y resolvió ser una buena esposa para salvar y santificar su alma.

El marido de Rita era de temperamento violento, que degeneró en brutalidad. Golpeaba, daba patadas a su joven esposa cuando volvía a casa después de haber perdido en el juego con sus compañeros. Era, además, notoria su infidelidad matrimonial.

Tuvieron dos hijos en los primeros años de casados. Aunque Rita hacía lo mejor posible para educarlos en conocimiento y amor de Dios, a su padre le encantaba llevarlos por sus propios caminos del mal.

El marido fue apuñalado una noche al encontrarse con un señor, que ya estaba harto de sus formas violentas. El marido de Rita estaba ya para morir y volviendo sobre sí se mostraba arrepentido de su mala vida. Gracia que le merecieron sin duda las oraciones de Rita.

Poco después morían los dos hijos en su temprana edad. "Sólo Te pido, Señor, que mueran en Tu gracia," oraba Rita. Fue escuchada su oración. Ambos, en el lecho de muerte, tuvieron tiempo de arrepentirse y recibir los Sacramentos.

Rita soportó heroicamente por dieciocho años los problemas de su vida matrimonial. Sola en el mundo, acudió enseguida a un convento de Agustinas pidiendo ser admitida como Religiosa. Pero no terminaron aquí los sufrimientos.

Próxima a los sesenta años, apareció una pequeña herida en la frente de Rita, como si hubiera penetrado en su carne una espina de la corona de nuestro Señor. Durante sus últimos dieciseis años, esta mujer, mística de la Cruz, llevó con paciencia y amabilidad la señal externa y dolorosa de la estigmatización y unión con Cristo. Como esto iba acompañado de una enfermedad agotadora, Rita necesitó cuidados especiales y la aislaron en un extremo del convento.

Por fin murió en plena conformidad con la Voluntad de Dios el 22 de Mayo de 1457, reconocida por todos como Santa. Su fiesta se celebra el 22 de Mayo.

LA PALABRA DE DIOS

"He venido a poner al hijo en contra de su padre; a la hija en contra de su madre. . . . Los enemigos de un hombre serán los de su propia familia." — Mt 10, 35-36

"El que permanece en Mí, y Yo en él, produce mucho fruto, pero sin Mí no pueden ustedes hacer nada."

— Jn 15, 5

"En cuanto a mí, no quiero sentirme orgulloso de nada, sino de la Cruz de nuestro Señor Jesucristo. Por él el mundo ha sido crucificado para mí, y yo, para el mundo." — Gá 6, 14

ORACIONES

Oración al Padre Celestial

PADRE celestial, que premias a los hombres, Tú bendijiste a Rita enriqueciéndola con caridad y paciencia. A ejemplo de la pobreza y humildad de Tu Hijo la mantuviste fiel durante los años de su vida matrimonial y especialmente en el convento donde Te sirvió el resto de su vida.

En Santa Rita nos das un ejemplo del Evangelio llevado a la perfeccíon, pues la llamaste a buscar Tu Reino en este mundo esforzándose por vivir en perfecta caridad. Con su vida Tú nos enseñas que los Mandamientos del Cielo se reducen a amarte a Ti y a los demás.

Que las oraciones de Santa Rita me ayuden y su ejemplo me inspire para llevar la Cruz y amarte siempre. Derrama sobre mí el espíritu de sabiduría y amor con que Tú enriqueciste a Tu sierva para que yo Te sirva fielmente y alcance la vida eterna. Te lo pedimos por Jesucristo nuestro Señor. Amén.

Oración Propia de la Novena

SANTA Rita, por medio tuyo Dios nos ha dado un ejemplo de caridad y paciencia haciéndote participar en la Pasión de Su Hijo. Le doy gracias por las muchas bendiciones con que te enriqueció en vida, especialmente durante tu infeliz matrimonio y la enfermedad del convento.

Que tu ejemplo me anime a llevar con paciencia la propia cruz y crecer en santidad. Sirviendo a Dios como tú, pueda yo complacerle con mi fe y mis obras.

Mi debilidad me lleva a caer. Ruega a Dios por mí para que con Su gracia me restablezca en Su amor y me ayude en el camino de salvación.

Por tu bondad atiende mi oración y pide a Dios me conceda, si es Su Voluntad, la gracia particular que ahora pido *(Mencione el favor que desea).*

Que tus oraciones me ayuden a vivir con fidelidad mi vocación como tú hiciste y me lleven a amar más profundamente a Dios y al prójimo hasta alcanzar la vida eterna en el Cielo.

Oración de la Novena (Opcional)

SANTA Rita, patrona de quienes están apurados, tus súplicas intercesoras ante Dios son irresistibles. Por tu prodigalidad en conceder favores te llaman "Abogada de los casos desesperados," o "de lo imposible." Eres tan humilde, mortificada, paciente y misericordiosa por amor de Cristo crucificado que alcanzas a conseguir de El cuanto pidas. Por eso, lleno de confianza acudo a ti con la esperanza de consuelo y alivio.

Sé propicia hacia tus suplicantes y muestra tu poder con Dios en su beneficio. Sé generosa con tus favores como has sido en tantas cosas admirables por la gloria más grande de Dios, la difusión de la devoción hacia ti y la consolación de los que ponen su confianza en ti. Prometemos, si lo que deseamos se concede, de glorificarte proclamando tu favor, y bendecirte y cantar tus alabanzas para siempre. Confiando en tus méritos y tu poder hacia el Sagrado Corazón de Jesús, pedimos de ti *(Mencione el favor que desea).*

Oración Final

¡OH Dios!, por Tu infinita ternura Te has complacido en atender las súplicas de Tu sierva Rita, y concederle lo que es imposible desde el punto de vista humano: su habilidad y fortaleza. Así la recompensaste por su amor compasivo y confianza firme en Tus promesas.

Compadécete de nuestras adversidades y consuélanos en las desgracias, para que los descreídos puedan reconocer que Tú eres recompensa de los humildes, defensa de los que tienen esperanza y fortaleza de los que confían en Ti. Te lo pedimos en Nombre de Jesús, el Señor. Amén.

San Antonio de Padua

NOVENA A SAN ANTONIO DE PADUA

(13 de Junio)

El Hacedor de Milagros

MEDITACION

LOS padres de San Antonio eran muy ricos y querían ver a su hijo como distinguido hombre de sociedad. El, en cambio, quería ser pobre por amor a Cristo y por eso se hizo Franciscano.

Antonio era un gran predicador. Lo mandaron como misionero por numerosas ciudades de Italia y Francia. Convirtió a muchos pecadores sobre todo con su buen ejemplo.

Cuentan que mientras oraba en su habitación se le apareció Jesús, le puso las manitas al cuello y lo besó. Antonio recibió esta gracia extraordinaria porque mantuvo su alma limpia incluso del más mínimo pecado y amaba mucho a Jesús.

Cuando Antonio enfermó se retiró a un monasterio en las afueras de Padua, donde murió a la edad de 36 años, el 13 de Junio de 1231. Treinta y dos años después sus restos fueron trasladados a Padua. La lengua se conservaba íntegra, sin haberse corrompido mientras que el cuerpo estaba aniquilado. Sucedieron muchos milagros después de su muerte. Aun hoy día le llaman el Santo "de los milagros." Su fiesta se celebra el 13 de Junio.

El entusiasmo popular ha hecho que San Antonio, más que otros, sea universalmente reconocido por los fieles de todo el mundo. "Santo universal" le llaman. Durante los siete siglos ya transcurridos desde su muerte, millones de personas se han sentido atraidas a este gran "Franciscano Milagroso."

Fue otro Franciscano, San Buenaventura, quien dijo: "Acude con confianza a Antonio, que hace milagros, y él te conseguirá lo que buscas."

LA PALABRA DE DIOS

"El Espíritu del Señor está sobre mí. El me ha ungido para anunciar Buenas Nuevas a los pobres."

— Lc 4, 18

"Publiqué Tu justicia en la reunión solemne. . . . Habló de Tu fidelidad y Tu salvación." — Sal 40, 10-11

"La lengua del justo es plata fina. . . . Los labios del justo instruyen a muchos." — Pr 10, 20-21

"El libra y salva, obra señales y milagros en los cielos y en la tierra." — Dn 6, 28

ORACIONES

Oración Propia de la Novena

SAN Antonio, glorioso por la fama de tus milagros, obtenme de la misericordia de Dios esta gracia que deseo *(Mencione el favor que pide).*

Como tú eres tan bondadoso con los pobres pecadores, no mires mi falta de virtud antes bien considera la Gloria de Dios que será una vez más ensalzada por ti al concederme la petición que yo ahora encarecidamente hago.

Glorioso San Antonio de los milagros, padre de los pobres y consuelo de los afligidos, te pido ayuda. Has venido en mi auxilio con tan amable solicitud y me has aliviado tan generosamente que me siento agradecido de corazón.

Acepta esta ofrenda de mi devoción y amor. Renuevo la seria promesa de vivir siempre amando a Dios y al prójimo. Continúa defendiéndome benignamente con tu protección y obtenme la gracia de poder un día entrar en el Reino de los Cielos, donde cantar eternamente las misericordias del Señor. Amén.

Letanía de San Antonio

(como devoción privada)

SEÑOR, ten piedad.
Cristo, ten piedad.
Señor, ten piedad.
Cristo, óyenos.
Cristo, escúchanos.
Santa María, *ruega por nosotros.**
San Francisco,
San Antonio de Padua,
Gloria de la Orden de Frailes Menores,
Mártir en el deseo de morir por Cristo,
Columna de la Iglesia,
Digno sacerdote de Dios,
Predicador apostólico,
Maestro de la verdad,
Vencedor de herejes,
Terror de los demonios,
Consuelo de los afligidos,
Auxilio de los necesitados,
Guía de los extraviados,
Restaurador de las cosas perdidas,
Intercesor escogido,
Constante obrador de milagros,

* *Ruega por nosotros* se repite después de cada invocación hasta *Sé propicio.*

Sé propicio, *perdónanos, Señor.*
Sé propicio, *escúchanos, Señor.*
De todo mal, *líbranos, Señor.***
De todo pecado,
De todo peligro de alma y cuerpo,
De los lazos del demonio,
De la peste, hambre y guerra,
De la muerte eterna,
Por los méritos de San Antonio,
Por su celo en la conversión de los pecadores,
Por su deseo de la corona del martirio,
Por sus fatigas y trabajos,
Por su predicación y doctrina,
Por sus lágrimas de penitencia,
Por su paciencia y humildad,
Por su gloriosa muerte,
Por sus numerosos prodigios,
En el día del juicio,

Nosotros, pecadores, *Te rogamos, óyenos.****
Que nos guíes por caminos de verdadera penitencia,
Que nos concedas paciencia en los sufrimientos,
Que nos asistas en las necesidades,
Que oigas nuestras oraciones y peticiones,
Que enciendas en nosotros el fuego de Tu amor,
Que nos concedas la protección e intercesión de San Antonio,
Hijo de Dios,
Cordero de Dios, Que quitas los pecados del mundo, *perdónanos, Señor.*

** *Líbranos, Señor* se repite después de cada invocación hasta *En el día del juicio.*

*** *Te rogamos, óyenos* se repite después de cada invocación hasta *Hijo de Dios.*

Cordero de Dios, Que quitas los pecados del mundo, *escúchanos, Señor.*

Cordero de Dios, Que quitas los pecados del mundo, *ten piedad de nosotros.*

Cristo, óyenos.

Cristo, escúchanos.

℣. Ruega por nosotros, oh bienaventurado San Antonio,

℟. *Para que seamos dignos de las promesas de Cristo.*

Oración

OREMOS: ¡Dios, todopoderoso y eterno!, glorificaste a Tu fiel confesor Antonio con el don constante de hacer milagros. Concédenos que cuanto pedimos confiadamente por sus méritos estemos ciertos de recibirlo por su intercesión. Te lo pedimos en Nombre de Jesús, el Señor. ℟. *Amén.*

Santa Ana con la Niña María

NOVENA A SANTA ANA

(26 de Julio)

Patrona de las Madres

MEDITACION

GRANDE es la dignidad de Santa Ana por ser la Madre de la Virgen María, predestinada desde toda la eternidad para ser Madre de Dios, la santificada desde su concepción, Virgen sin mancilla y mediadora de todas las gracias. Nieto de Santa Ana fue el Hijo de Dios hecho Hombre, el Mesías, el Deseado de las Naciones. María es el fundamento de la gloria y poder de Santa Ana a la vez que es gloria y corona de su madre.

La *santidad* de Santa Ana es tan grande por las muchas gracias que Dios le concedió. Su nombre significa "gracia." Dios la preparó con magníficos dones y gracias. Como las obras de Dios son perfectas, era lógico que El la hiciese madre digna de la criatura más pura, superior en santidad a toda criatura e inferior sólo a Dios.

Santa Ana tenía celo por hacer obras buenas y esforzarse en la virtud. Amaba a Dios sinceramente y se sometió a Su santa Voluntad en todos los sufrimientos, como fue su esterilidad durante veinte años, según cuenta la tradición. Esposa y madre fue fiel cumplidora de sus deberes para con el esposo y su encantadora hija María.

Muy grande es el *poder* intercesor de Santa Ana. Ciertamente santa y amiga de Dios, distinguida sobre todo por ser la abuela de Jesús en cuanto Hombre.

La Santísima Trinidad le concederá sus peticiones: el Padre, para Quien ella gestó, cuidó y educó a su hija predilecta; el Hijo, a Quien le dió madre; el Espíritu Santo, Cuya esposa educó con tan gran solicitud.

Esta Santa privilegiada sobresale en mérito y gloria, cercana al Verbo encarnado y a Su Santísima Madre. Sin duda que Santa Ana tiene mucho poder ante Dios. La madre de la Reina del Cielo, que es poderosa por su intercesión y Madre de misericordia, es también llena de poder y de misericordia.

Tenemos muchos motivos para escoger a Santa Ana como nuestra intercesora ante Dios. Como abuela de Jesucristo, nuestro Hermano según la carne, es también nuestra abuela y nos ama a nosotros sus nietos. Nos ama mucho porque su nieto Jesús murió por nuestra salvación y María, su hija, fue proclamada Madre nuestra bajo la Cruz. Nos ama de verdad en atención a las dos Personas Que ella amó más en esta vida: a Jesús y a María. Si su amor es tan grande, su intercesión no será menos. Debemos, por tanto, acudir a ella con gran confianza en nuestras necesidades. No hay la menor duda de que esto agrada a Jesús y a María, Quienes la amaron tan profundamente.

Se celebra la fiesta de Santa Ana el día 26 de Julio.

LA PALABRA DE DIOS

"[Ana] nunca salía del Templo, sirviendo día y noche al Señor." — Lc 2, 37

"Recibirá la bendición del Señor, la recompensa de Dios, su Salvador." — Sal 24, 5

"Dichosos los ojos de ustedes porque ven y sus oídos porque oyen. . . . Muchos profetas y hombres justos ansiaron ver lo que ustedes ven, pero no lo vieron."

— Mt 13, 16-17

ORACIONES

Oración Propia de la Novena

GLORIOSA Santa Ana, quiero honrarte con especial devoción. Te escojo, después de la Santísima Virgen, por mi madre espiritual y protectora. Te encomiendo mi alma y mi cuerpo, todos mis intereses espirituales y temporales y los de mi familia.

Te consagro mi mente, para que en todo se guíe por la luz de la fe; mi corazón para que se conserve puro y lleno de amor a Jesús, a María, a José y a ti misma; mi voluntad para que, como la tuya, esté siempre conforme con la Voluntad de Dios.

Buenísima Santa Ana, desbordante de amor para cuantos te invocan y de compasión con los que sufren. Confiadamente pongo ante ti la necesidad de que me concedas esta gracia en particular *(Mencione el favor que desea).*

Te suplico recomiendes mi petición a tu hija, la Santísima Virgen María, para que ambas, María y tú, la presenteis a Jesús. Por tu valiosa intercesión sea cumplido mi deseo.

Pero si lo que pido no fuere Voluntad de Dios, obtenme lo que sea de mayor bien para mi alma. Por el poder y gracia con que Dios te ha bendecido dame una mano y ayúdame.

Te pido sobre todo, misericordiosísima Santa Ana, me ayudes a dominar mis malas inclinaciones de mi estado de vida y de practicar las virtudes que sean más necesarias para mi salvación.

Como tú, haz que yo logre por el perfecto amor a Dios ser para El en vida y en muerte. Que después de haberte amado y honrado en la tierra con verdadera devoción de hijo pueda, por tus oraciones, tener el privilegio de amarte y honrarte en el Cielo con los Angeles y Santos por toda la eternidad.

Bondadosísima Santa Ana, madre de aquella que es nuestra vida, muestra tu dulzura y dame esperanza, intercede ante tu hija, para que yo alcance la paz. Amén.

Oración a San Joaquín y Santa Ana

INSIGNE y glorioso patriarca San Joaquín y bondadosísima Santa Ana, ¡cuánto es mi gozo al considerar que fueron escogidos entre todos los Santos de Dios para dar cumplimiento Divino y enriquecer al mundo con la gran Madre de Dios, María Santísima! Por tan singular privilegio, han llegado a tener la mayor influencia sobre ambos, Madre e Hijo, para conseguirnos las gracias que más necesitamos.

Con gran confianza recurro a su protección poderosa y les encomiendo todas mis necesidades espirituales y materiales y las de mi familia. Especialmente la gracia particular que confío a su solicitud y vivamente deseo obtener por su intercesión.

Como ustedes fueron ejemplo perfecto de vida interior, obténganme el don de la más sincera oración. Que yo nunca ponga mi corazón en los bienes pasajeros de esta vida.

Denme vivo y constante amor a Jesús y a María. Obténganme también una devoción sincera y obediencia a la Santa Iglesia y al Papa que la gobierna para que yo viva y muera con fe, esperanza y perfecta caridad.

Que yo siempre invoque los santos Nombres de Jesús y de María, y así me salve. Amén.

Santa Teresa del Niño Jesús

NOVENA A SANTA TERESA DEL NIÑO JESUS

(1ro de Octubre)

Patrona de las Misiones

MEDITACION

TERESA nació el 2 de Enero de 1873 en Alençon, Francia. Fueron nueve hermanos. Cuatro murieron de pequeñitos; cinco ingresaron en la vida religiosa. El padre y la madre eran ejemplos de vida Cristiana. Todos los días asistían a la Misa por la mañana y juntos recibían la Comunión.

Ser esposa de Cristo había sido ardiente deseo de Teresa desde que tenía tres años. Cuando llegó a los nueve y más aún a los diez pidió ser admitida en el Carmelo de Lisieux. Se abrió finalmente la puerta del convento para ella cuando cumplió los quince años. Las superioras pusieron sus virtudes a dura prueba. El diez de Enero de 1889 vistió el santo hábito y recibió el nombre de Hermana Teresa del Niño Jesús y de la Santa Faz. Profesaba haciendo sus santos votos el 8 de Septiembre de 1890 y se entregaba plenamente a la práctica de la vida interior. Por el camino de la infancia espiritual, de amor y confianza, alcanzó gran santidad.

Teresa sufrió mucho durante su corta vida, sufrimiento escondido que ofrecía por amor de Dios para la conversión de los pecadores y por la santificación de los sacerdotes. Ella escribe: "¡Conozco un solo camino para llegar a la perfección: Amar! Amemos, pues nuestro corazón no ha sido hecho para otra cosa. Quiero entregarlo todo a Jesús, porque me da a entender que El solo es la felicidad perfecta. Dios Buenísimo no necesita años para llevar a cabo Su obra de amor en el alma. El amor puede suplir largos años. Para Jesús, Que es eterno, no importa el tiempo; sólo el amor."

Poco antes de su muerte decía Teresa: "Siento que mi misión va a comenzar, la misión de llevar a otros a amar a Dios como yo Le amo, y enseñar a las almas mi caminito de confianza y entrega. Voy a pasar mi Cielo haciendo el bien para la tierra." Su misión es enseñar a las almas el camino de *infancia espiritual.* Entre todas las virtudes propias de la edad infantil le llamaron la atención sobre todo la confianza y tierno amor que los pequeñitos muestran a sus padres. Amor, confianza, y abandono fueron la clave de su vida espiritual.

El 30 de Septiembre de 1897 Teresa, verdadera víctima del Amor Divino, murió de tuberculosis, enfermedad que, en su caso, había asumido muy penosas características. Momentos antes de morir, la paciente, en pleno sufrimiento, hacía una vez más, un acto de perfecto abandono. Y echando una mirada a su crucifijo decía: "¡Oh, yo Te amo! ¡Dios mío, yo Te amo!" Tenía venticuatro años cuando murió.

Santa Teresa del Niño Jesús fue canonizada ventiocho años después de su muerte y declarada a la vez Patrona de las Misiones Extranjeras. Le tenía especial devoción el Papa Pio XI, que la canonizó. Y dijo: "Esta luz encendió el amor por el cual vivió y del cual murió, no dando a Dios nada más que amor y resolución de salvar muchas almas para que amasen a Dios por toda la eternidad. Su lluvia de místicas rosas prueba que ha comenzado su trabajo. Y es nuestro más vivo deseo que todos los fieles estudien a Santa Teresa del Niño Jesús para imitar su ejemplo."

En el 19 de Octubre de 1997, el Papa Juan Pablo II la proclamó la tercera mujer Doctora de la Iglesia. Su fiesta se celebra el 1ro de Octubre.

LA PALABRA DE DIOS

"No se alegren de que se les someten los espíritus; sino alégrense de que sus nombres están escritos en el cielo." — Lc 10, 20

"Les aseguro que a meno que ustedes cambien y se vuelvan como niños, no podrán entrar en el Reino de los Cielos." — Mt 18, 3

"Dichosos los de corazón humilde, porque recibirán la tierra en herencia." — Mt 5, 5

ORACIONES

Oración Propia de la Novena

¡SANTA Teresa del Niño Jesús! Durante tu corta vida en la tierra llegaste a ser espejo de pureza angélica, de amor fuerte como la muerte y de total abandono en manos de Dios. Ahora que gozas de la recompensa de tus virtudes vuelve hacia mí tus ojos de misericordia, pues yo pongo toda mi confianza en ti.

Obtenme la gracia de guardar mi mente y corazón limpios como los tuyos y que aborrezca sinceramente cuanto pueda de alguna manera empañar la gloriosa virtud de la pureza, tan querida de nuestro Señor.

Encantadora rosa y reinecita, recuerda tus promesas de que jamás dejarías sin atender ninguna petición que te hiciera, que enviarías una lluvia de rosas y vendrías a la tierra para hacer el bien. Con la confianza que me inspira tu poder ante el Sagrado Corazón imploro tu intercesión en mi provecho y me concedas esta gracia que yo tanto deseo *(Mencione el favor que desea).*

Santa "Teresita," recuerda tu promesa de "hacer bien en la tierra" y que enviarías "lluvia de rosas" sobre quienes te invoquen. Obtenme de Dios las gracias que quiero de Su infinita bondad. Que yo experimente el poder de tus oraciones en cualquier necesidad.

Consuélame en todas las amarguras de la vida presente y en especial cuando me llegue la hora de la muerte, para que yo sea digno de tener parte en la felicidad eterna de que tú disfrutas en el Cielo. Amén.

Oración Final

PADRE celestial, por medio de Santa Teresa del Niño Jesús, quieres recordar al mundo el amor misericordioso que llena Tu Corazón y que pongamos en El nuestra confianza como los niños en sus padres. Humildemente Te damos gracias por haber coronado de tanta gloria a Tu hija Teresa, siempre fiel, y por haberle dado el admirable poder de acercar a Ti día tras día innumerables almas que Te alaben eternamente.

¡Oh Señor! Tú dijiste: "Si no . . . vuelven a ser como niños no podrán entrar en el Reino de los Cielos" (Mt 18, 3). Concédenos, Te rogamos, seguir las huellas de Tu virgen Teresa con humildad y pureza de intención para que podamos alcanzar los premios eternos. Tú que vives y reinas por los siglos de los siglos. Amén.

San Judas Tadeo

NOVENA A SAN JUDAS TADEO

(28 de Octubre)

El Apóstol de los Necesitados

MEDITACION

SAN Judas Tadeo estaba íntimamente relacionado con nuestro Señor por su parentesco con San Joaquín y Santa Ana, padres de la Santísima Virgen. Sobrino nieto de estos dos Santos, es a la vez sobrino de María y José, de donde resulta ser primo de nuestro Señor.

Judas es hermano del Apóstol Santiago el Menor. Tenía otros dos hermanos a quienes llama el Evangelio "hermanos" de Jesús. Cuando nuestro Señor regresó de Judea a Nazaret, comenzó a enseñar en la sinagoga. Las gentes que le oían estaban asombradas y decían: "¿De dónde Le ha llegado tanta sabiduría y ese poder de hacer milagros? ¿No es el Hijo del carpintero? ¿No se llama María Su madre? ¿No son Sus hermanos Santiago, José, Simón y Judas?" (Mt 13, 55).

La palabra "hermanos" en hebreo comúnmente significa un pariente próximo. El padre de Judas era Cleofás. El nombre de su madre era María, que era pariente próxima de la Virgen Santísima. Ella también permaneció junto a la Cruz cuando murió Cristo. "Junto a la Cruz de Jesús estaban Su Madre, y la hermana de Su Madre, María, esposa de Cleofás, y María Magdala" (Jn 19, 25).

Durante su adolescencia y juventud, Judas sería compañero de Jesús. Cuando Jesús comenzó Su

Vida Pública, Judas dejó todo por seguirle. Como Apóstol, trabajó con gran celo por la conversión de los paganos. Fue misionero por toda la Mesopotamia durante diez años. Regresó a Jerusalén para el Concilio de los Apóstoles. Después se unió a Simón en Libia, donde los dos Apóstoles predicaron el Evangelio a los habitantes de aquel país.

Refiere la tradición que Judas y Simón sufrieron martirio en Suanis, ciudad de Persia, donde habían trabajado como misioneros. A Judas le dieron muerte con una cachiporra. Por eso, se le representa con una porra sobre la cabeza. Luego, le cortaron la cabeza con un hacha. Trasladaron su cuerpo a Roma y sus restos se veneran ahora en la Basílica de San Pedro.

San Judas es conocido principalmente como autor de la Carta de su nombre en el Nuevo Testamento. Carta probablemente escrita antes de la caída de Jerusalén, por los años 62 al 65. En ella, Judas denuncia la herejías de aquellos primeros tiempos y pone en guardia a los Cristianos contra la seducción de las falsas doctrinas. Habla del juicio que amenaza a los herejes por su mala vida y condena los criterios mundanos, la lujuria y "a quienes por interés adulan a la gente." Anima a los Cristianos a permanecer firmes en la fe y les anuncia que surgirán falsos maestros, que se burlarán de la Religión, a quienes Dios, en cambio, les tiene reservada la condenación.

A la soberbia de los malos contrapone la humilde lealtad del Arcángel San Miguel. Anima a los Cristianos a levantar un edificio espiritual llevando una vida fundada en la fe, amor de Dios, esperanza y oración. Alienta la práctica del amor al prójimo; exhorta a los Cristianos a que sean pacientes y con sus vidas virtuosas conviertan a los herejes.

Judas concluye su carta con una oración de alabanza a Dios por la Encarnación, pues por ella Jesucristo, Palabra eterna de Dios, tomó sobre Sí nuestra naturaleza humana para redimirnos.

La fiesta de los Santos Simón y Judas se celebra el 28 de Octubre.

LA PALABRA DE DIOS

"Les aseguro que el que tiene fe en Mí hará las mismas cosas que Yo hago, y aun hará cosas mayores."
— Jn 14, 12

"¿No es el Hijo del carpintero? ¿No se llama Su madre María y Sus hermanos Santiago, José, Simón y Judas?"
— Mt 13, 55

"Edifíquense a sí mismos sobre las bases de su santísima fe, orando en el Espíritu Santo. Manténganse en el amor de Dios, esperando la misericordia de nuestro Señor Jesucristo, que los llevará a la vida eterna."
— Judas 20-21

ORACIONES

Oración Propia de la Novena

GLORIOSO San Judas Tadeo, por los sublimes privilegios con que fuiste adornado durante tu vida; en particular por ser de la familia humana de Jesús y por haberte llamado a ser Apóstol; por la gloria que ahora disfrutas en el Cielo como recompensa de tus trabajos apostólicos y por tu martirio, obtenme del Dador de todo bien y don perfecto todas las gracias que ahora necesito *(Mencione los favores que desea).*

Que guarde yo en mi corazón las enseñanzas Divinas que nos has dado en tu carta: construir el edificio de mi santidad sobre las bases de la santísima fe, orando en el Espíritu Santo; mantenerme en el amor de Dios y esperando la misericordia de Jesucristo, que nos llevará a la vida eterna; y procurar por todos los medios ayudar a quienes se desvíen.

Que yo alabe la gloria y majestad, el dominio y poder de Aquel Que puede preservar de todo pecado y presentarme sin mancha ante nuestro Divino Salvador, Jesucristo nuestro Señor. Amén.

Consagración a San Judas

SAN Judas, Apóstol de Cristo y Mártir glorioso, deseo honrarte con especial devoción. Te escojo como mi patrón y protector. Te encomiendo mi alma y mi cuerpo, todos mis intereses espirituales y temporales y asimismo los de mi familia. Te consagro mi mente para que en todo proceda a la luz de la fe; mi corazón para que lo guardes puro y lleno de amor a Jesús y María; mi voluntad para que, como la tuya, esté siempre unida a la Voluntad de Dios.

Te suplico me ayudes a dominar mis malas inclinaciones y tentaciones evitando todas las ocasiones de pecado. Obtenme la gracia de no ofender a Dios jamás, de cumplir fielmente con todas las obligaciones de mi estado de vida y practicar las virtudes necesarias para salvarme.

Ruega por mí, Santo Patrón y auxilio mío, para que, inspirado por tu ejemplo y asistido por tu intercesión, pueda llevar una vida santa, tener una muerte dichosa y alcanzar la gloria del Cielo donde amar y dar gracias a Dios eternamente. Amén.

Oración Final

¡OH Dios! Tú diste a conocer Tu Nombre por medio de los Apóstoles. Por intercesión de San Judas, haz que Tu Iglesia continúe fortaleciéndose y aumente el número de sus fieles. Te lo pedimos por Cristo nuestro Señor. Amén.

Nuestro Santo Patrón

NOVENA A NUESTRO SANTO PATRON

(Todos los Santos, 1ro de Noviembre)

MEDITACION

DESDE los primeros siglos del Cristianismo se ha llamado Santo o Beato Patrón a aquel que alguna comunidad, organización, lugar o persona haya escogido como especial intercesor ante Dios. Costumbre que tuvo origen en el hecho de que al cambiar de nombre indicaba transformación en la persona misma. Por ejemplo: Abram en Abrahan, Simón en Pedro, Saulo en Pablo. La costumbre también es debida a la práctica de haberse construído iglesias sobre tumbas de Mártires.

En el Bautismo y Confirmación recibimos el nombre de un Santo a quien imitar y encomendarnos. Debemos encomendar frecuentemente al Santo Patrón nuestras necesidades de alma y cuerpo, especialmente en la fiesta del Santo. Se le puede honrar, por ejemplo, haciendo una Novena en su honor.

LA PALABRA DE DIOS

"[¡Oh Señor!] por Tu sangre compraste para Dios a hombres de toda raza, lengua, pueblo y nación. Has hecho de ellos un reino y sacerdotes para el servicio de nuestro Dios y dominarán toda la tierra." — Ap 5, 9-10

"Nosotros somos el Templo de Dios vivo. Como Dios ha dicho: 'Habitaré y viviré en medio de ellos, seré su Dios y ellos serán Mi pueblo.' " — 2 Cor 6, 16

"El que a ustedes los llamó es Santo y también ustedes han de ser santos en todo lo que hagan; pues está escrito: 'Ustedes serán santos porque Yo lo soy.' "

— 1 Pe 1, 15-16

ORACIONES

Oración Propia de la Novena

GRAN Santo N., te escogieron en mi Bautismo como guardián y testigo de mis obligaciones. Bajo tu nombre fuí entonces hecho hijo de Dios por adopción, renuncié a Satanás, a sus obras y falsas promesas. Con tu poderosa intercesión ven en mi ayuda para que yo cumpla aquellas sagradas promesas. Tú también las hiciste en los días de tu peregrinación por la tierra. Tu fidelidad en conservarlas hasta el fin te ha merecido la vida eterna.

Yo estoy llamado a la misma felicidad que tú disfrutas ya. Se me ofrece la misma ayuda con que tú pudiste conseguir la vida eterna. Tú venciste las tentaciones que yo experimento.

Ruega por mí, Santo Patrón, para que, inspirado por tu ejemplo y asistido con tus oraciones, pueda yo llevar una vida santa, tener una muerte dichosa y alcanzar vida eterna alabar y dar gracias a Dios en el Cielo contigo.

Te suplico ruegues a Dios que, si es Su Voluntad, me conceda esta gracia particular *(Mencione el favor que desea).*

Oración Final

DIOS todopoderoso y eterno, Te has complacido en hacer a Tu Iglesia ilustre por el variado esplendor de los Santos. Al venerar su memoria, podamos nosotros también seguir sus claros ejemplos de virtud en la tierra y así obtener la corona del Cielo. Te lo pedimos por Cristo nuestro Señor. Amén.

San Martín de Porres

NOVENA A SAN MARTIN DE PORRES

(3 de Noviembre)

Martín de la Caridad

MEDITACION

"MARTIN, el Bueno" o "Martín, el caritativo" le llamaba la gente de Lima donde el morenito o "mulato" Martín fue tan querido en los años 1600 a 1639. Desde el año 1962 todos le llamamos *San Martín de Porres,* porque el Papa Juan XXIII le canonizó.

Martín nació en Lima, capital del Perú, el 9 de Diciembre de 1579. Su padre, Juan de Porres, español de Burgos, era Gobernador de Panamá. Ana Velázquez se llamaba la madre que, por su gentileza, había obtenido la libertad. Era medio negra y medio india. Del noble español, Gobernador de Panamá, y de la "negrita" Ana nació otra niña dos años después, pero las diferencias raciales y rango social hicieron que Martín figurase en la Fe de Bautismo como "hijo de padre desconocido." Sus padres no eran casados.

Pronto quedaron solos en Lima el niño Martín con su mamá y la hermanita. Su padre tenía que ocuparse de Guayaquil, el puerto de mar en el Ecuador. Martín crecía muy piadoso y compasivo compartiendo con otros niños lo que su madre "abandonada" le podía dar.

Cuando el niño tenía ocho años se presentó en Lima su padre y encantado con su negrito se lo llevó a Guayaquil, donde le buscó maestro particular para educarle a su lado. Esto duró sólo dos años.

De nuevo en Lima, en un barrio pobre con los “de color,” bajo el cuidado de su madre crecía con Juanita, su hermana.

Ana Velázquez, como buena madre, se preocupó por que su hijo supiera ganarse la vida. Le colocó al servicio del barbero-dentista D. Manuel Rivero en Lima. Martín era feliz. Aprendió el oficio y gozaba sirviendo como barbero-enfermero. Había encontrado su vocación de amar a Dios sirviendo a los demás. Ya ganaba plata: mitad para su madre y mitad para obras de caridad. De egoísta no tenía nada.

Su ideal era ser Santo: como el Obispo de Lima, Santo Toribio de Mogrovejo; como San Juan Masías, hermano lego en los dominicos; como San Francisco Solano aquel gran misionero franciscano; como Santa Rosa de Lima, bautizada en la misma iglesia que Martín cinco años antes que él. Estos cuatro Santos vivían en la misma Ciudad y al mismo tiempo que Martín.

El jovencito barbero-enfermero era feliz: ayudaba a Misa todos los días antes de ir al trabajo y pasaba largos ratos de oración al anochecer, oculto, en la propia habitación. Servir a Dios, servir a los demás, olvido de sí mismo. Así Martín desarrollaba su personalidad. Ya tiene 16 años. Su madre puede vivir sin él.

Martín se dirigió a los Dominicos. Quiere vivir en el Convento del Santo Rosario. Pero como el último de todos. No pretende ser como los Padres, ni aun siquiera como Hermano. Sencillamente como “Donado,” un criadito sin paga.

Su virtud era tan notable que, nueve años después, a petición del Superior y por obediencia, profesaba como Hermano y vistió el hábito de fraile.

Martín crecía para Dios y para los demás: oración, largos silencios a solas con Dios; éxtasis y milagros que Dios multiplicaba por él, hasta resucitar algún muerto. Martín es el limosnero del convento y de la ciudad. Los ricos todos le dan, porque saben que Martín lo multiplica para los pobres: comida, ropa, monedas, la fundación del centro para los niños huérfanos. . . . Discretamente llegaba hasta las familias "vergonzantes," que no tenían valor para pedir como pobres.

Penitencia. Mucha penitencia para sí mismo, a solas; especialmente en la Cuaresma y Semana Santa. Parecía un hombre de tres corazones: de *fuego* para Dios por su fervor; de *carne* por su compasión y ayuda a los demás; de *acero* por el rigor y dominio de sí mismo.

Inocencia de Dios, recobrada como aquella de San Francisco de Asís: todas las criaturas son buenas, todos los hombres son hermanos.

Martín "el Bueno," sin embargo, tenía que luchar todos los días consigo mismo y contra el diablo. Por mantenerse en humildad llegó a ofrecerse en venta como esclavo: "Padre Prior, no dude: véndame y pague sus deudas." Cuando las pasiones de orgullo, lujuria y avaricia ya estaban perfectamente subyugadas, Dios ofreció a Martín otro campo de batalla: mano a mano con el diablo. Como el Santo Cura de Ars siglos después Martín era intimidado y golpeado por el diablo. Le oían decir en la celda: "¿A qué has venido? Esta no es tu habitación. Vete inmediatamente." El Maestro de Novicios, Padre Andrés, dijo alguna vez: "Este mulato va a ser Santo. De noche libra fuertes batallas con el diablo."

Al venir el otoño, Martín sufría de paludismo todos los años. El día 3 de Noviembre de 1639 decía al Hermano Antonio: “No llores, Hermano, quizás en el Cielo sea más útil que aquí.” Pidió los Sacramentos, miró en derredor, pidió perdón a todos. Los monjes cantaban la Salve y el Credo. Entonces Martín expiró: 3 de Noviembre de 1639 por la mañana. El Papa Juan XXIII lo canonizó el día 6 de Mayo de 1962.

LA PALABRA DE DIOS

“El Rey responderá: ‘Les aseguro que todo que lo hicieron con alguno de estos más pequeños, que son mis hermanos, lo hicieron por Mí.’ ” — Mt 25, 40

“Si alguno dice ‘Yo amo a Dios’ y al mismo tiempo odia a su hermano, es un mentiroso. ¿Cómo puede amar a Dios a quien no ve, si no ama a su hermano a quien ve?” — 1 Jn 4, 20

“Como saben, consideramos dichosos a los que fueron pacientes.” — Stg 5, 11

ORACIONES

Oración Propia de la Novena

GLORIOSO San Martín de Porres, desde tu infancia hasta la muerte supiste equilibrar admirablemente la dignidad de hijo de Dios con la humildad de tu nacimiento y menosprecios raciales. Procediste como el último de todos, sirviendo abnegadamente. Siempre gozoso por estar consciente de que Dios es nuestro Padre; te sentías hijo amado de El.

Ya ves lo mucho que yo necesito de tu ejemplo y de tu intercesión para lograr mi personalidad de Cristiano: con títulos humanos y humildad de Cristianos. Alcánzame la gracia de seguir tu ejemplo, de prepararme muy bien en un oficio o título profesional con que yo pueda desarrollar mis talentos siendo útil a la sociedad y en especial a mi familia.

Martín el Bueno te llamaban todos porque no guardabas complejo vengativo por el color de tu piel ofendida. Ni te entregaste al placer o a los juegos para ahogar las penas; ni siquiera guardabas rencor a tu padre porque no vivía en el hogar. Con abundancia de bien tú respondiste cuando te rodeaba tanto mal. Haz que yo y el orgullo herido de tantas personas hoy en la sociedad reaccionemos como tú, paciente, amable, devolviendo bien por mal.

Por tu medio quiso Dios dar pruebas de Su bondad hasta hacer milagros en bien de los demás. Por eso te pido con humildad y confianza me obtengas la gracia particular de esta Novena *(Mencione el favor que desea).*

Agradezco de antemano tu gloriosa intercesión en mi favor. Reconozco que Dios ha mostrado especial complacencia en ti y que por tu humildad amable nos acerquemos a Su grandeza adorable. Bendíceme, bendice a mi familia, ven en ayuda nuestra como lo hacías con tu madre, con tu hermanita y con los más necesitados de Lima.

Ya glorioso, junto a Dios, me estás invitando a luchar contra el mal, como lo hiciste personalmente contra el Malo. Obtenme la fortaleza necesaria para superar mi debilidad: orgullo, codicia, sexualidad. Con tu ayuda llegue también yo a la victoria. Amén.

Oración por los Hispanos

SAN Martín de Porres, tú hablabas español como nosotros; tu color, tu pobreza, tu hogar podrían haberte deprimido en aquella sociedad. Pero la dignidad de hijo de Dios por tu fe bautismal en la Iglesia Católica te elevó por encima de aquella nobleza de la Ciudad de los Reyes. Haz que los Hispanos en América, en la del Norte especialmente, estén conscientes de su propia dignidad. Se preparen en las escuelas, consigan títulos de trabajo, tengan afán de superación hasta llegar ellos o sus descendientes a ser dirigentes en esta sociedad.

Que todos: en el hogar, en el trabajo, en la calle y en todo lugar tengan sentido de responsabilidad. Como tú, glorioso Martín de Porres, lograste ser responsable tanto de seglar como luego de fraile. Que descubran y fomenten la grandeza de su Fe, Católica como la tuya, fuente de fortaleza en esperanza. Muchos son "de color" como tú. Ni drogas, ni abandono, ni desprecios, ni robos, ni abusos sexuales sean sus caminos, que llevan a la esclavitud. Martín glorioso, tú cantas victoria en el Cielo. Que te miren todos los que buscan la liberación aquí en este suelo. Enséñanos el camino de la auténtica personalidad. Amén.